图书编校易出错误例析

王忠诚 著

东北林业大学出版社
·哈尔滨·

图书在版编目（CIP）数据

图书编校易出错误例析／王忠诚著．－－2版．－－哈尔滨：东北林业大学出版社，2016.7（2025.4 重印）
ISBN 978-7-5674-0828-9

Ⅰ.①图… Ⅱ.①王… Ⅲ.①图书-编辑工作-研究 ②图书-校对-研究 Ⅳ.①G232.2

中国版本图书馆 CIP 数据核字（2016）第 151147 号

责任编辑：卜彩虹
封面设计：刘长友
出版发行：东北林业大学出版社（哈尔滨市香坊区哈平六道街 6 号 邮编：150040）
印　装：三河市佳星印装有限公司
开　本：850mm×1168mm　1/32
印　张：6.875
字　数：160 千字
版　次：2016 年 8 月第 2 版
印　次：2025 年 4 月第 3 次印刷
定　价：42.00 元

如发现印装质量问题，请与出版社联系调换。（电话：0451-82113296　82191620）

前　言

　　图书作为一种特殊商品，除具有商品的一般属性外，还担负着传承文化、传播科学技术、引导教育人们的作用。近年来，随着出版媒体的多元化、市场竞争的激烈化、出版过程的快速化以及出版管理程序的相对弱化，使得出版单位重策划、轻加工，重效益、轻管理的现象日趋严重，导致一些图书编校质量呈下降趋势。

　　中央和省宣传主管部门多次下发文件通知，强调出版物的导向，强调涉外、民族、宗教等方面的规范提法；国家新闻出版总署下发《图书质量管理规定》；出版界一些有识之士也呼吁采取必要措施，以解决图书编校质量下滑问题。应该说提高图书编校质量是当前出版工作中一项十分重要的工作。

　　本书是作者根据20多年从事编校和审读工作的实践，从大量图书的编校审读中找出的图书编校错误，从图书的外在表现形式——图书的主题，图书的思想性、政治性、艺术性以及语言文字、语法逻辑、名词术语、法定计量单位、数字用法的规范性、辅文的规范用法等，分门别类，对错误实例进行分析，找出错误，分析产生错误的原因，列出正确的用法。书后附常用国家标准目录，便于读者检阅相关资料。

　　为了便于阅读，本书将出版工作的审读、编辑加工、校对过程的特点、难点和各类图书对审读、编辑加工和校对的要求进行简述。对相关编校错误实例进行举例分析，并予以纠正。

力图为从事编校工作人员，特别是年轻同志提供典型范例，避免编校工作中出现同类错误，从而为提高图书编校质量提供一些有益的帮助。

作者作为从事编辑出版工作多年的编辑，深感编辑工作的光荣感和使命感，曾在国内、省内的研讨会、学术刊物上就图书质量管理、编校错误产生原因及纠正方法等进行过探讨。也曾想以图书形式加以总结，供同行参考，但由于精力和经费等原因未能实现。

在黑龙江省委宣传部领导和同行专家们的大力支持下，使作者增强了信心。力争以此书的出版报答组织上的支持和关怀，完成一个老编辑想做的，也应该努力去做的，对行业尽一点微薄之力的愿望。

本书的出版除了在理论上参阅了同行专家们的著述外，还得到了黑龙江省委宣传部、黑龙江省新闻出版局以及东北林业大学出版社等领导和同行们在各方面给予的大力支持，在此表示深深地感谢。

尽管作者从事编辑工作几十年，但理论水平、学识等方面尚有很多不足，为避免本书实例可能对某些出版单位或编辑有不利影响，除已被公开的实例外尽可能隐去出版单位等相关项目，也请同行们不必对号入座。因为对编辑错误的分析、批评是为了告诫同行及后人，避免重犯此类错误。对于此书出现的谬误和不足，欢迎同行专家批评指正。

作　者

2016 年 6 月

目　录

1 绪　论 …………………………………………（ 1 ）
　1.1 图书编辑出版工作的性质 …………………（ 1 ）
　1.2 图书编辑工作的任务 ………………………（ 4 ）
　1.3 图书编辑工作的基本内容 …………………（ 7 ）
　1.4 图书装帧设计 ………………………………（ 10 ）
　1.5 编后工作 ……………………………………（ 10 ）
　1.6 图书编辑的基本素养 ………………………（ 12 ）
2 图书政治性易出错误 ……………………………（ 18 ）
　2.1 政治观点易出错误 …………………………（ 18 ）
　2.2 涉及国家主权易出错误 ……………………（ 20 ）
　2.3 民族宗教问题易出错误 ……………………（ 25 ）
　2.4 涉及港、澳、台表述易出错误 ……………（ 28 ）
3 图书思想性易出错误 ……………………………（ 33 ）
　3.1 导向方面易出错误 …………………………（ 33 ）
　3.2 涉及宣传封建迷信问题 ……………………（ 36 ）
　3.3 涉及淫秽色情出版物 ………………………（ 38 ）
　3.4 涉及宣传伪科学 ……………………………（ 44 ）
　3.5 低俗类出版物 ………………………………（ 47 ）
4 图书科学性易出错误 ……………………………（ 51 ）
　4.1 概念定义易出错误 …………………………（ 51 ）
　4.2 各词术语易出错误 …………………………（ 54 ）
　4.3 公式、数据易出错误 ………………………（ 56 ）

4.4　文字差错造成的科学性错误 …………………（ 61 ）
　　4.5　知识储备不足引起的科学性错误 ……………（ 66 ）
5　图书艺术性与知识性易出错误 ………………………（ 71 ）
　　5.1　图书艺术性易出错误 …………………………（ 71 ）
　　5.2　历史知识类错误 ………………………………（ 75 ）
　　5.3　科技类知识性错误 ……………………………（ 78 ）
　　5.4　名言警句错误造成的知识性错误 ……………（ 84 ）
6　图书技术性易出错误 …………………………………（ 87 ）
　　6.1　量的符号和名称表示法易出错误 ……………（ 87 ）
　　6.2　单位符号易出错误 ……………………………（ 92 ）
　　6.3　数值表示法易出错误 …………………………（ 97 ）
7　图书字、词使用易出错误 ……………………………（104）
　　7.1　文字使用易出错误 ……………………………（104）
　　7.2　词语使用不当易出错误 ………………………（107）
8　图书语法、修辞、逻辑易出错误 ……………………（118）
　　8.1　语法（句子结构）易出错误 …………………（118）
　　8.2　修辞（句子表达）易出错误 …………………（127）
　　8.3　逻辑表达易出错误 ……………………………（131）
9　图书标点符号易出错误 ………………………………（137）
　　9.1　点号易出错误 …………………………………（137）
　　9.2　标号易出错误 …………………………………（144）
　　9.3　标点符号使用应注意的几种情况 ……………（150）
10　图书结构形式易出错误 ………………………………（154）
　　10.1　篇章结构易出错误 …………………………（154）
　　10.2　标题易出错误 ………………………………（156）
　　10.3　插图易出错误 ………………………………（160）
　　10.4　表格易出错误 ………………………………（164）

10.5　公式易出错误 …………………………………（167）
　10.6　字体、字号易出错误 …………………………（170）
　10.7　书眉易出错误 …………………………………（172）
11　图书辅文易出错误 ……………………………………（175）
　11.1　封面、扉页、版权页易出错误 …………………（175）
　11.2　内容提要易出错误 ……………………………（181）
　11.3　序、前言、跋易出错误 …………………………（184）
　11.4　目录、标题易出错误 ……………………………（187）
　11.5　附录、索引易出错误 ……………………………（191）
　11.6　参考文献易出错误 ……………………………（194）
　11.7　作者小传易出错误 ……………………………（199）
附　录 ………………………………………………………（201）
　1　图书编校常用国家标准（17个） …………………（201）
　2　《图书质量管理规定》………………………………（202）
　3　《图书质量管理规定附件（图书编校质量差错率
　　　计算方法）》………………………………………（205）
参考文献 ……………………………………………………（209）

1 绪 论

1.1 图书编辑出版工作的性质

1.1.1 图书产生及其作用

图书是一种知识产品,它是人类最重要和历史最悠久的文化传播媒介之一,迄今经历了几千年的演变过程。作为一种人类文化的承载体,图书记录了世界上各个国家、民族和各个不同历史时期的政治、经济、生活习俗和科学文化水平,在传播人类文明,推动人类社会的经济、科学和文化向前发展,推动社会物质文明、精神文明和政治文明中起着极为重要的作用。

伴随着人类文明的进步,文字和印刷术的发明,使人类能够借助印刷手段,扩大科学文化的传播范围。从手写、石刻、铭刻,到拓印,再到丝帛、纸张拓印和印刷;从木雕板到活版印刷术一直到现代的数码排版印刷,图书随着文字、纸张和印刷技术的发展而发展。

图书的产生使接受知识的人们越来越多,文化知识的传播越来越广泛;在深度方面,由于交流经验,传播信息,在学习前人传承知识的基础上受到启发,促使人类的发明、创造日益增多,人类的思想向更高级的方向发展,科学文明水平向更高级的程度前进。

1.1.2 图书编辑工作的性质

图书编辑工作是一项社会文化活动,自有形图书出现以后,便有编辑工作的存在。人类出版活动早期的编辑工作是和作者合二为一的。编辑的工作涵括在图书编纂者的工作之中。随着历史的发展,科学技术和文化事业的发展,社会分工越来越细,编辑工作逐渐从作者方面的工作中分化了出来。经过多年的经验积累,在图书编辑的工作实践中不断出现新的创造、新的理论使之系统化,从而形成一个完整的学科。随着图书的形成和传播,图书便由私人所有的书稿上升为社会享有的公有形式,成为社会用以传播知识、积累文化、培育人才的手段。

1.1.3 图书编辑与出版业的关系

图书编辑在我国有着悠久的历史。它与出版业各自起步于不同的历史时期,既相互独立,又相互联系。在经售书籍出版业出现之前,编辑工作就已存在,那时编辑所从事的工作是缀文成书,或者是将分散的单篇文献编集成书,或将散见于多种文献中的知识素材重新组成新书。在出版业形成后很长一段时间,图书编纂人与出版者是各自独立的,只有在以机械印刷为主的近现代出版业形成之后,才出现了属于出版机构内部的图书编辑。

我国出版业按一些专家的研究,大致可分为5个时期:

(1)出版业形成前期。书籍的流传以传抄为主。约在周秦至西汉时期,出现了经售手抄本的书肆。

(2)出版业萌芽时期。出现了古典名篇的手抄本和经营此类手抄本的经营者。大约为东汉至隋唐时期。

(3)出版业逐步兴盛时期。出现了雕版印刷,用于印刷宗教经籍、古典名籍。此时出版业的经营者，除刻书售书外，有的自己从事编辑，有的请人代为编辑，此时尚没有独立的编辑职业。

（4）近现代出版业兴起时期。随着活字排版和铅字印刷机的出现，清代末叶的出版业已将印制、销售和编辑融为一体。图书编辑作为一个独立职业逐渐成熟起来。

（5）20世纪80年代起步的电子技术的出版时期。电子计算机技术在出版领域的应用，使传统的出版业发生了质的变化，使印刷出版告别了铅与火的时代，进入了一个全新的领域。计算机技术和网络技术的应用，使得整个出版业编印发全过程以及时间、质量、效益得到了全面的提升。

近年来随着改革开放和我国政治经济社会的全面发展，图书出版业呈现出繁荣发展的大好局面。无论是社会科学、自然科学还是文学艺术都出现了空前繁荣的新局面，综合的和专业的百科全书，各类文库，世界名著翻译作品，各种各样的教学用书，图文并茂的普及读物，还有与其他媒体相互结合的音像、电子、网络出版物，使图书类型越发彰显出绚丽的色彩。

全国600多家出版社以每年10万多种新版图书的规模和多种媒体的相互支撑，通过文化体制改革，转企改制，步入市场经济，社会主义出版事业迈向了新的发展阶段。

1.1.4　图书编辑工作的政治属性

图书作为一种文化载体，在阶级社会中必然具有阶级的属性，必然要为其所依存的阶级服务。只是由于图书所传承的内容不同而体现不同罢了，如政治理论读物，阶级色彩会比较浓厚，科学技术类则相对弱一些，但也有科学观和方法论的问题。

我国于 2011 年 3 月 19 日公布的国务院重新修订的《出版管理条例》第三条规定："出版活动必须坚持为人民服务，为社会主义服务的方向，坚持以马克思列宁主义、毛泽东思想、邓小平理论和三个代表重要思想为指导，贯彻落实科学发展观，传播积累有益于提高民族素质，有益于经济发展和社会进步的科学技术和文化知识，弘扬民族优秀文化，促进国际文化交流，丰富和提高人民的精神生活。"

我国《出版管理条例》明确规定了我国出版业的政治属性，作为出版业中重要组成部分的图书编辑工作必然要遵从这一政治属性，把坚持"两为方针"，坚持马列主义和中国特色社会主义理论作为工作的指导思想，把传播积累科学技术和文化知识，弘扬民族文化，促进国际交流，提高人民精神生活作为自己的工作任务。

1.2　图书编辑工作的任务

1.2.1　宣传、促进马列主义、毛泽东思想和中国特色社会主义理论的研究

图书出版的政治属性决定了社会主义的图书编辑出版工作必须把宣传马列主义放在首位。新中国成立前的延安时期就出版和发行了《共产党宣言》《列宁选集》以及毛泽东、刘少奇等同志的著作。新中国成立后又成立了多个编辑出版机构，出版了一大批马列原著和毛泽东、邓小平、江泽民等一大批党和国家领导人的著作以及大量的理论研究文献，对马列主义、毛泽东思想、邓小平理论、"三个代表重要思想"以及科学发展观的传播起到了重要的作用。

1.2.2 传播积累科学技术的文化知识

我国《出版管理条例》第五十五条规定，国家支持和鼓励"对推进文化创新，及时反映国内外新的科学文化成果有重大贡献的"和"其他具有重要思想价值、科学价值或者文化价值的"优秀、重点出版物。

这一规定进一步明确了传播积累科学知识和文化知识是图书编辑出版工作的重要任务之一。建设社会主义强国离不开高素质的人才。人才的培养又离不开科学文化的普及和教育工作。只有经过坚持不懈的科学文化传播与普及的艰苦努力，才能使民族素质的提高变成现实。

1.2.3 介绍国外先进技术，促进国际文化交流

随着以计算机、互联网为代表的现代科学技术的迅猛发展，世界经济一体化，地球环境和资源的相互影响、依存，使得地球村的概念日趋凸显。作为一个具有多样文化的国家，愈想跟上世界经济、科技发展的步伐，就必须走改革开放的道路。吸收国外先进科学技术，先进的经营管理理念和方法，为我国吸收消化，是强国、富民的重要途径。作为图书编辑工作有责任介绍国外先进科学技术，为我所用。也有责任把中国的历史、文化和前进中的中国介绍给世界，进而弘扬民族文化，促进国际间的文化交流。

1.2.4 弘扬社会主义核心价值观

图书作为一种文化传承、积累的载体，还担负着启迪、教化民众的作用。"对弘扬社会主义核心价值体系，在人民中进行爱国主义、集体主义、社会主义和民族团结教育以及弘扬社

会公德、职业道德、家庭美德有重要意义。"(《出版管理条例》第五十五条)。作为一名图书出版工作者,把握正确的出版导向,摒弃那些颓废不健康的,反对宪法原则,危害国家安全,破坏民族团结,宣传邪教迷信,破坏社会稳定,宣传淫秽、色情暴力,危害社会公德等国家法律、法规禁止的内容,也是十分重要的职责和任务。

1.2.5 丰富人们的精神生活

党和政府多年以来在文学艺术创作上一直坚持"百花齐放,百家争鸣"的"双百方针"。要求文学艺术要坚持"为人民服务,为社会主义服务"的"两为"方向。建设社会主义精神文明,满足人们日益增长的文化需要,就应该编辑出版大量受各阶层各类人群喜闻乐见的优秀文艺作品。古今中外文艺作品的丰富多样性,小说、诗歌、散文、报告文学、戏剧、曲艺以及电影文学、唐诗、宋词、美术、音乐作品等一些健康向上,鼓舞人民奋发向上的文艺读物是人民大众所欢迎的作品,也是编辑出版工作的重要任务之一。

1.2.6 坚持社会效益和经济效益的有机结合

《出版管理条例》第四条规定:"应当将社会效益放在首位,实现社会效益与经济效益相结合。"在市场经济条件下,编辑要清楚地认识到图书的商品属性,处理好经济效益和社会效益的关系。要树立编辑出版工作的任务必须通过市场才能得以实现的理念。图书编辑工作在坚持社会效益的前提下,必须把自己所编图书的市场认可度放在重要的位置。再好的图书,如果得不到其应有的读者群认可,那就意味着失败。

1.3 图书编辑工作的基本内容

1.3.1 选题策划和组稿

（1）选题是图书编辑出版工作的第一步。选题计划是出版单位根据自己的出版范围、出版特色及自身人才、财力状况所制定的长期、中期规划和年度计划的体现。选题策划和组稿就是图书编辑在出版单位总体规划之下进行具体的丛书、套书或单本书的策划和组稿工作。

（2）选题的来源和确定程序。选题是出版单位的图书编辑和相关部门根据本出版单位的任务和出书范围，结合读者和行业系统的需要，为了宣传、总结、规划、交流等而提交的题目。选题的具体来源是图书编辑和相关部门通过广泛的图书市场调查；通过文件、新闻报道、国内外科研、文化动态；通过参加各种座谈会、学术活动；通过发行、营销部门，读者反馈意见；从兄弟出版单位出版图书中得到启发而获得的。

（3）选题策划和组稿的原则。选题体现出版系统和编辑的出版思想、出版方针，也体现着一定的市场经营理念。一种、一套图书的策划，应该坚持社会效益和经济效益的有机结合。如果一本读者面很窄，没有得到有关部门或出版社支持投入的图书，缺乏经济上的支持，是很难完成的。在选题策划和组稿工作中要坚持图书的政治方向；要坚持自身的出版范围、特色和方向；要坚持"双百"方针，对文化科学发展有预见性，及时将反映学术文化前沿的作品纳入策划组稿范畴；坚持量力而行的原则，充分考虑到作者能力、编辑出版能力。

（4）选题的组稿。选题经过出版单位的论证、审查通过以后，就进入组稿阶段。组稿的任务是根据选题策划的要求确定图书作者，根据选题规划和作者一起制订写作大纲，对纳入选题规划的投稿，按选题规划要求进行初审，以求和选题规划相吻合。组稿是实现出版任务的具体措施，又是保证书稿质量的关键。

1.3.2 三级审稿

（1）三审制。三级审稿即出版单位实行的书稿三审制，由责任编辑初审，编辑室主任（或委托相当资质人员）复审，总编辑（或委托相当资质人员）终审。

（2）三审制的要求。主要是对作者交来的书稿进行审读评价，判断稿子是否符合选题规划要求，能否采用。同时对书稿中存在的内容、观点、体例规范等方面存在的不足，提出建设性意见。通过审稿也可以充分了解和发现新的作者。

责任编辑是书稿的初审者，是书稿的第一个读者，是书稿的最细致、最全面的考察者。书稿的基本评价，是否采用，责任编辑的初审意见要明确。复审和终审是在初审的基础上进行的，是在更高的层次和角度上对书稿进行评价，以作出最后判断或决定修改方案。如果三级审稿意见不一致，总编辑可请外审或召集有关人员进一步讨论取舍，形成一致意见。

1.3.3 编辑加工和校对

（1）编辑加工的原则。编辑加工是审稿工作的延续，也是作者创作过程的延续。通过编辑加工解决作者书稿中存在的不足。在保持作者观点和风格的前提下，通过编辑加工对书稿内容和结构体例等方面存在的不足加以润色，锦上添花，进一步提高图书的质量。

（2）编辑加工的内容和要求。要确保无政治性差错，确保内容的科学性和艺术性；概念、定理准确，公式、数据准确，名词术语、计量单位规范化；用词用语规范，语法修辞正确；数字与量和单位符号准确、规范；图表简明清晰；封面、扉页、版权、目录、前言、参考文献等辅文规范、准确实用。

（3）编辑加工的方式方法。

①编辑加工的方式有：

a. 编辑加工的方式可采取由责任编辑单独完成的直接编辑加工；

b. 由编辑提出修改意见，由作者完成的间接编辑加工；

c. 由责任编辑和作者一同完成的共同编辑加工或委托同行专家按要求完成的委托编辑加工。

②编辑加工的主要方法有：

a. 保持作者原风格的修饰法；

b. 对古文、外文采取对照权威材料逐项改正原稿错误的校订法；

c. 对书稿严重超过规定字数可采用压缩删节法；

d. 对内容重要，作者表述水平太差的书稿可采用改写法；

e. 按出书规范体例进行技术性加工的整理法；

f. 对重印书采用改正个别错误的勘误法。

（4）校对工作。校对工作是图书出版工作中的一个重要环节，是提高图书质量的重要因素。校对工作的职责是根据原稿或经责任编辑加工后的书稿与计算机排出的样稿进行校对。一方面订正排版出现的错误；另一方面找出编辑加工中的遗漏，并加以标注，供编辑复核处理。目前出版单位常用的校对方式一种是专职校对人员，一种是编校合一，还有一种是请具有一定校对工作经验的社外人员担任校对工作。

1.4 图书装帧设计

图书的装帧设计是指除图书内容以外的一切表达形式，包括技术设计和美术设计两大部分。

1.4.1 技术设计

技术设计含整体设计（开本、印装方式、装帧材料）、版面设计，一般由技术编辑完成。也有由责任编辑或美术编辑完成，或者由责任编辑和美术编辑合作完成。

技术设计要以图书的内容性质、用途和读者对象为依据，通过对开本、印刷、用料、版面的设计求得一本书内容和形式的完美统一。

1.4.2 美术设计

美术设计包括封面设计和插图设计，一般由专门的美术编辑来完成。美术设计过程应该征求作者和责编的意见，了解图书的内容、用途和读者，力求通过美术设计使得封面和插图体现图书的主题，求得思想性、科学性和艺术性的完美统一。

1.5 编后工作

1.5.1 发稿时对所编图书进行的全面复查

（1）对书名进行确认。根据所编图书内容对申报选题计划时的书名进行审查，从确切、生动反映图书内容，适应读者心理，吸引读者阅读方面加以考虑。如需改动，这时修改为最好。

（2）署名问题也要进行审核。图书的署名是著译者劳动和责任的体现，是受著作权保护的。图书的署名原则上要尊重作者意见，但如出现多人合作，主编、副主编人数如何确定，著、编著、编如何确定，责任编辑应提出意见，与作者一起确认。

（3）参与装帧设计。装帧设计是一本图书的外在表现形式。封面、扉页、环衬、勒口、开本、插图、封一至封四的设计都非常重要，虽然有专门设计人员，但责任编辑也不能忽视，应积极提出意见，以求最佳效果。

（4）核对处理好全书的图表。书稿中的插图和正文中一些说明性图表是图书的有机组成部分，其清晰程度、规格、编排位置以及版权问题，责任编辑者应重视和处理好。

（5）配合排版印刷过程确认发行方式。责任编辑在按计划发稿后，对书稿轻易不能做改动了，除非出现了非改不行的问题。责任编辑要关注印制过程，协助相关部门处理应由责任编辑解决的问题。对即将出版的图书发行方式应足够重视，是系统发行、书店发行、作者包销，还是几种发行方式并用，都应确定好，以求图书能产生最佳的社会效益和经济效益。

1.5.2 付印前校样的检查

（1）解决校对中出现的各类疑问。检查校样是责任编辑付印前最重要的一项工作，首先责任编辑应处理校对中提出的疑问，必要时请作者参与解决。改动时要注意只处理错误，不再修饰文句。如需改动内容，要尽量控制在原有行、段之内，以免造成串版。

（2）重点检查内容。封面、扉页、版权、书眉的规范性和相关项目的一致性；目录与正文包括页码的一致性；各级标题序号的准确性；图表体例及序号的正确与规范；参考文献体例的规范性。通过这次检查还可以消灭一些编校中遗漏的问题。

1.5.3 成书后的编辑工作

（1）检查样书。对大批量出版的图书，印刷厂大批量装订前会给出版单位送来样书，此时除出版部门对全书装帧质量进行检查外，责编还可对封面、扉页、版权、图表、文献等重要部位进行复查，对个别遗漏问题进行补救。

（2）检查整理书稿档案。检查整理从选题、组稿到出书的全部材料，包括和作者往来的信件、审稿意见、编辑加工记录、合同等材料，交档案部门存档。

（3）发放稿酬。按照著作权法的规定和具体的出版合同，根据事先约定的付酬形式、付酬标准，处理好稿酬的发放工作。

（4）撰写书评。书评是由编辑、作者或组织有关人员撰写，用来对图书的一种介绍、宣传和评论。目的是引导读者读书，扩大图书影响和销售量。有的出版单位组织作者进行签名售书和举办首发式等活动形式，其意义和目的与书评有异曲同工的作用。

1.6 图书编辑的基本素养

1.6.1 政治理论素养

（1）政治理论素养。社会主义的出版性质决定了图书编辑必须具备较高的政治理论素养，在较高政治理论素养的能动作用下统领编辑出版工作的全过程。如果没有马列主义、毛泽东思想及有中国特色社会主义理论的指导，编辑在选题、组稿、审稿工作中就很难判断和把握图书理论观点和政治方向，很难界定学术民主与伪科学及违反四项基本原则的区别。

一个合格的图书编辑应该通过不断地学习加强马克思主义理论素养，不断提高自己的政治理论素养，只有这样才能发现和支持具有新意的学术见解和论点，以及具有创新意义的学说，从而更好地发扬"百花齐放，百家争鸣"的优良学风，更好地繁荣我国政治、经济、科学文化等各项事业，促进中华民族的进步，推动社会主义事业的蓬勃发展。

（2）政策素养。图书编辑要了解和懂得所编图书涉及的有关方针、政策。如涉及党和国家重要文件、重要领导人、重大历史人物、事件，涉及宗教、民族以及涉外、涉密等问题，必须按规定进行重大选题申报或报送相关部门审查批准，否则出现问题后果很难补救。多年来因有的出版单位出版了一些诸如《性风俗》之类的伤害民族感情的图书，引起民族矛盾的事件，教训是极其深刻的。

（3）思想素养。图书编辑要有高度的社会责任感和甘为他人做嫁衣的献身精神，要热爱编辑工作，不图名，不图利，全心全意为作者服务，为社会主义建设服务。要以对读者、对作者、对社会负责的精神对待所从事的图书编辑工作。要认识到图书编辑出版工作的目的是为社会和广大读者提供精神食粮。在市场经济条件下，图书编辑更要有清醒的头脑，在选题组稿的过程中摆正社会责任与图书经济效益之间的关系，在保证社会效益的前提下去追求经济效益的最大化，出版"双效"图书是一个合格编辑的重要思想道德素养。

（4）职业道德素养。职业道德是社会各行各界所应遵守的职业操守和行业规范。在出版单位转为企业之后，企业的一般属性将会影响和制约出版行为。但作为编辑出版这一意识形态属性非常明显的行业，编辑的职业道德尤显重要。要正确处理好名和利的关系，树立正确的社会主义核心价值观，正确处理好与作者、与国家和单位之间的利益关系，多出好书，多出精品，多做奉献。

（5）作风素养。严谨的工作作风是编辑工作的重要素质。编辑工作是一项既复杂繁琐，又要求严格的智力性工作。编辑工作的性质要求编辑对待工作要严肃认真，一丝不苟，决不能马虎、草率。在出错的图书中，很多错误的出现无不与编辑马虎、草率有关。

1.6.2　知识结构素养

（1）专业技术素养。一个成功的编辑应该根据自己所学专业或擅长的专业为自己所策划的选题规划出一个大的专业方向。对这个大的专业方向所需要的专业技术知识有深入地研究和知识储备。如文学类编辑除具有较深厚的文学素养外，还应掌握文学理论、文学创作规律方面的知识，更要懂得语言文字、逻辑语法等方面的知识。编辑的专业技术素养应该具有复合性的特点，对主体的专业知识要专，对与主体知识相关的专业知识掌握要广而博，另外还要十分注重不断学习，充实已有知识。

（2）语言文字素养。作为表述各领域各学科知识的语言文字运用是否得当，直接关系到图书的质量。一本好的图书除内容对读者产生的影响力外，其语言表达简洁生动、通俗易懂，逻辑语法表达准确、清晰将会大大提升图书的可读性，起到"妙笔生花"的效果。一个称职的编辑要具备较强的文字水平和驾驭文字的能力，掌握必要的外语知识。这是做好编辑工作很重要的基本素养。

（3）编辑业务知识素养。编辑业务知识包括：

①编辑工作性质、任务、内容，编辑基本素养；

②与编辑工作相关的法律、法规、政策、规范、标准；

③编辑工作流程中涉及的策划组稿、编辑加工、装帧设计、改稿定稿等业务知识。

（4）出版、发行知识素养。在出版单位出版、发行是和编辑工作并行的部门，具有相对独立性。在出版单位转企，市场竞争日趋激烈的形势下，编辑的选题策划组稿越来越需要考虑到出版、发行这两大重要环节。因此，一个编辑掌握排版、印刷、装订、发行等方面的知识，会运用这些知识，对出版适合读者需要，取得"双效"的图书是十分必要的。

1.6.3 职业意识素养

（1）政治意识。作为具有上层建筑属性的出版工作，编辑必须具有较强的政治意识，在为社会主义精神文明和物质文明服务的过程中要有大局观念，要把握好导向，真正做到"以科学的理论武装人，以正确的舆论引导人，以高尚的情操塑造人，以优秀的作品鼓舞人"。

（2）信息意识。图书是信息传播的工具，也是知识的载体。信息效应贯穿于整个编辑工作过程。编辑工作无时无刻离不开信息，选题策划靠信息，组稿写稿靠信息，编辑加工靠信息，出版、发行更离不开信息。一条信息引出一个好的点子，策划出一套好的图书，取得良好的社会效益和经济效益，这种例子不胜枚举。可以自豪地讲，一个成功的编辑其信息意识也应是最强的。

（3）预见意识。对信息的敏感，对选题的预见性与编辑应有的洞察力分不开，编辑具有较强的预见意识，就能对各种事物和现象认识深刻，就能高瞻远瞩，预见出即将出现的新事物和新趋势。通过一篇新论文、一条新消息，举一反三，敏锐地预见到某一领域缺少或亟需某一类图书，从而根据线索策划出新的选题，占领相关领域的图书市场。

（4）创新意识。创新是一个国家、一个民族、一项事业向前发展的不竭动力，也是编辑工作不断向前发展的不竭动力，只有紧紧跟上时代发展步伐，根据新形势新要求，不断推出新的图书品种，不断扩大新的图书领域，开拓图书出版工作新局面，编辑工作才能不断走向成功。只有树立创新意识，才能做到"人无我有，人有我优，人优我新"，才能不断开辟新领域，推出新图书，从而在市场竞争中立于不败之地。

（5）质量意识。质量是图书的生命，质量是繁荣出版的关键。一部高质量图书涉及图书出版全过程，涉及从原稿到编辑加工、校对、印制、装订等相关环节。在市场竞争日趋强烈的现状下，编辑的质量意识至关重要，可以设想，再热门、再受读者青睐的图书，如果错误百出，想要赢得读者群，恐怕也只能是一种幻想，其对编辑和出版单位声誉带来的负面影响也将是难以挽回的。

（6）竞争意识。在市场经济条件下，图书市场也不可避免地面临着竞争，而且这种竞争贯穿编辑出版全过程。从选题、组稿、编辑加工，一直到出版、发行每个环节都面对着竞争。实践证明，一个出版单位，一套好的选题，如果跟不上竞争的步伐，所面临的就是出局和被淘汰。竞争是事业向前发展的推动力，是优胜劣汰的发展规律。一个好的编辑必须要跟上时代发展的步伐，不断强化自身的竞争意识，在图书市场的竞争中取得成功。

（7）时间意识。随着现代科学技术的迅猛发展，知识更新速度大大加快，人们获取知识和信息的手段也日益多样化。由于图书自身的特点决定，一部图书从选题、组稿到成书需要足够的时间才能完成，不同类型的图书其出版周期也是不一样的。如一部辞书和一本适应现实需要的科普书，其出版周期差别很大。尽管如此，面对激烈的市场竞争，如果一部好的图书不能尽快出版，一旦相同选题图书进入市场，原来再好的设想和效益都会大打折扣，甚至导致图书积压，使整个选题策划失败。时间就是金钱，时间就是效益。图书编辑只有树立时间意识，才能更好地争取商机。

（8）效益意识。随着出版单位的转企改制，市场经济和企业的属性日显突出，在保证社会主义出版方向的前提下，追求经济效益最大化是不争的事实。没有经济基础，编辑和出版单位就无法生存；没有强有力的经济基础，出版"双效"图书也只能是空谈。现代科学技术的发展，已经把信息、时间和效益紧密结合在一起，成为创造效益的决定因素。图书编辑工作要树立效益意识，在出版的全过程中，在保证出书方向的前提下，"快节奏、抢时间、保质量、争效益"。

2 图书政治性易出错误

2.1 政治观点易出错误

2.1.1 对领袖的评价问题

举例：

某本书请一位理论界老先生作序，序中提到了毛泽东对知识分子的态度，有这样一段话："毛泽东一惯仇视知识分子，视知识分子为臭老九，反右斗争一下子打倒了几百万知识分子。"

分析及纠正：

毛泽东是中国共产党和新中国的缔造者和领导者，他在中国革命中的地位和作用是不容动摇的。但他不是完人，在他对待知识分子的问题上，特别是反右扩大化和"文化大革命"中确实有错误。但对这种错误的认识和批评应以中央正面的结论为基准，不能背离这个原则。对毛泽东采取"两个凡是"的态度是错误的，采取全面否定也是错误的，其结果会对全党、对新中国、对社会主义制度产生不利的负面影响。

对这位老先生的序中敏感的字句，我们建议作者以中央对毛泽东的评价为基准，对这段话进行了删改。

应该引起编辑们注意的是,有些与中央精神相悖的言论,不完全是出现在整部图书中,而是夹杂在某一段文字、某一段叙述、某一个观点中,这就要求编辑认真审稿,仔细推敲,以免出现不和谐之音,影响到领袖的形象、党的形象和国家的形象。

2.1.2 引用领袖原著不准确

举例1:

某教材中引用了马克思的一段话:"在共产主义高级阶段迫使人们奴隶般地服从分工的情形已经消灭,从而劳动已经仅仅是谋生的手段。而且劳动本身成了生活第一需要之后,在随着个人全面发展,生产力也增长起来,而集体财富的一切源泉都充分涌现之后——只有在那个时候,才完全超出资产阶级权利的狭隘眼界,社会才能在自己的旗帜上写上:各尽所能,按需分配。"

分析及纠正:

此段文字是马克思在著名的《哥达纲领批判》中对共产主义社会的经典描述。但可惜的是由于作者引用中的失误,把这段经典描述的意思搞反了。马克思的原文是:"在共产主义社会高级阶段上,在迫使人们奴隶般地服从分工的情形已经消失,从而脑力劳动和体力劳动的对立也随之消失之后;在劳动已经不仅仅是谋生的手段,而且本身成了生活的第一需要之后;在随着个人的全面发展生产力也增长起来,而集体财富的一切源泉都充分涌流之后——只有在那个时候,才能完全超出资产阶级法权的狭隘眼界,社会才能在自己的旗帜上写上:各尽所能，按需分配！"在这段引文中，除了有几处意思相近的文字与原文不一致外，重要的一句："在劳动已经不仅仅是谋生的手段"被写成了"从而劳动已经是谋生的手段"，丢了一个"不"字，意思完全相反了。

为防止此类问题的出现，作者在引用领袖原文时，一定要从原著中引用，不要转引，以免以讹传讹，造成错误引用。编辑在审稿时应抽查部分引文，以保证重要引文的准确性。

举例2：

某书稿引用了毛泽东的一段话："我们的文学艺术都是为人民大众的，首先是为工农兵的，为工农兵而创作，为农民所利用的。"

分析及纠正：

毛泽东这段话讲的是文学艺术的服务方向，强调文学艺术要服务于人民大众，服务于工农兵群众。此段引文与原文核对后，其错误出在最后一句"为农民所利用的"。"农民"一词应为"工农兵"，一个词的错用，原文意思即发生了变化。

2.2 涉及国家主权易出错误

2.2.1 国家名称使用被废除的称谓

在科技类书稿中，有时会涉及某个国家或某个重要城市，由于作者在引用资料时未能及时采用新的规范称谓，因此极易出现政治类知识性错误。

举例1：

某本专著中提及某产品产地时叙述："××产品由南斯拉夫克罗地亚共和国××公司生产。"

分析及纠正：

举例中讲述某产品由南斯拉夫克罗地亚共和国某公司生产。实际上克罗地亚在1991年之前是南斯拉夫的一个自治共和国，1991年6月宣布独立，我国1992年与其建交。显然举例所引用资料为1991年6月之前的。因此产生了国家称谓上的错误。正确的用法是："××产品由克罗地亚共和国××公司生产。"类似的问题还有原苏联15个加盟共和国，现在都是独立的国家，原捷克斯洛伐克现在也是两个独立的国家。

举例2：

"生物多样性热点地区有马达加斯加，新喀里多尼亚……象牙海岸……智利中部。"

分析及纠正：

举例中的问题出在象牙海岸的称谓上。象牙海岸是科特迪瓦未独立前的称谓，含有殖民主义的色彩，现在正确的称谓应当是"科特迪瓦"。类似的还有非洲国家原上沃尔特，在独立后，国家名称为"布基纳法索"。一些国家的城市由于翻译方式、方法和习惯的不同，有的也发生了变化，如韩国首都原中文译名"汉城"，现译名为"首尔"。

举例3：

某本书稿中讲述某种植物分布时叙述道："该植物分布在喜马拉雅山麓的印度、巴基斯坦、尼泊尔、锡金、不丹等国。"

分析及纠正：

举例中锡金原是一个独立的国家，后并入印度，成为印度的一个邦，我国2005年予以承认。故在叙述时不能再把锡金与印度并列了，而应用"印度锡金邦"的提法。类似的问题还有原联邦德国和民主德国的用法，两国合并后统称"联邦德国。"

为避免因国家名称和地名等称谓不当造成政治类知识性错误，作者和编辑平时都应该多注意国际政治动向和国际时事，注意收集国家发布的最新资料，至少要以最新地图所标注的称谓作为依据，从而避免出现在国家名称和地名等称谓上因使用不当造成的政治类知识性错误。

2.2.2 涉及国家领土完整的表述错误

维护国家尊严和领土完整是一个国家主权意识的具体体现，在出版物中如果表述不当，就会出现有失国家尊严和领土完整的政治类错误，甚至会对我国外交上产生不利影响和后果。

举例1：

"南沙群岛（也称斯普拉特利群岛），是我国南海诸岛四大群岛中位置最南、岛礁最多、散布最广的群岛……"

分析及纠正：

南沙群岛是我国领土的一部分。但越南、马来西亚、菲律宾等国也称其享有主权（并实际控制一些岛礁），它们称之为"斯普拉特利群岛"。因此，这种称呼是不被我国政府承认的，故括号中的"斯普拉特利群岛"应删去，否则就犯了政治类的错误。

举例2：

"钓鱼岛又称尖阁群岛，面积约4平方千米，位于我国台湾省本岛180千米……是我国东海的一个渔场。"

分析及纠正：

"尖阁群岛"是日本对我国钓鱼岛的称呼，属于我国新闻宣传禁用的称呼，此例中"又称尖阁群岛"一句属画蛇添足，不加此句，意思表达明确，加上此句就犯了政治类的错误。

2.2.3 叙述地理位置与实际经纬度不一致造成的国家主权错误

科技类书稿，特别是描述动植物分布时常涉及经纬度及地理坐标，而这些地理坐标又和国家的地理位置相联系。由于个别作者对引用数据缺乏常识性的认识和必要的审核，再加上编辑审稿不严，图书出版中也会出现因地理坐标错误造成的政治类知识性错误。

举例1：

某本图书在描述呼伦贝尔市的地理位置时，作了如下叙述："呼伦贝尔市位于东经11°5′~12°6′，北纬47°05′~

53°20′。"

分析及纠正:

从数据中可以看出,对呼伦贝尔市经度的描述是错误的。我国的地理坐标经度为73°40′~135°2′30″之间,书中所述数值显然不在我国境内。如果按照书中所描述的地理坐标,呼伦贝尔市则位于德国汉堡一带,一组数字之差,中国的一个市被划到了德国。

呼伦贝尔市的地理坐标实际是:"东经115°31′~126°04′,北纬47°05′~53°20′。"

举例2:

某本关于中国南海疆域研究的学术著作中有这样一段论述:"光绪二十年(1894年),佚名《八省沿海总图》中绘有'拔达司岛',并注明该岛的经纬度为'纬度20°42′3″北,经度11°43′14″东',此即东沙群岛。"

分析及纠正:

此段对东沙群岛地理坐标的描述也出现了错误。中国地理坐标的最南端应在北纬3°51′,最北端应在北纬53°33′;最东端东经135°05′,最西端东经73°33′。很显然关于东沙群岛经纬度的描述中经度数值不在中国地理坐标范围之内。按此经纬度的描述东沙群岛的地理位置被划到了非洲的尼日尔附近。东沙群岛地理坐标正确的数据应是:北纬20°43′3″,东经116°43′14″。

2.3 民族宗教问题易出错误

2.3.1 对宗教的曲解

举例：

1989年3月，上海文化出版社和山西希望书刊社出版发行了《性风俗》一书，该书粗鲁地侮辱了伊斯兰教，伤害了穆斯林的感情。引起全国很多信仰伊斯兰教群众的示威游行，并出现了冲击政府和打砸烧行为。参与示威游行的有老人和孩子，也有大学生，提出了处死作者和出版社编辑的要求。一时在全国和国际社会造成了极坏的政治影响。

国家平息了打砸烧行为。对相关出版单位予以吊销营业执照的处理，对作者、编辑及相关责任人给予了相关刑事处理。

分析及纠正：

伊斯兰教是世界三大宗教之一，有其特定的教义和教规，流传在民间的一些对穆斯林民族风俗习惯、信仰的说法，有很多是旧社会对穆斯林民族的歧视和侮辱。在社会主义国家各民族大团结的旗帜下不能也不应该出现这种情况。

在涉及民族宗教问题上，党和国家要求各出版单位要严格把关，相关选题内容要通过专题申报，请民族、宗教主管部门和专家审查方能出版，以防止出现伤害民族感情、造成民族矛盾、破坏安定团结的事件发生。

2.3.2 对少数民族落后风俗的刻意描写

举例:

1987年,《人民文学》杂志发表了一篇名为《伸出你的舌苔或空空荡荡》的报告文学,文中露骨地描述了西藏地区落后风俗天葬、乱伦等情节,伤害了藏民族的感情和宗教信仰。此文被中宣部和出版署查禁销毁,杂志主编也因此去职。

分析与纠正:

文中所描述的情节是藏族地区旧社会的一种陋习,是剥削制度和奴隶社会残余的影响,并非现实西藏的习俗。此种描述势必对人们了解相对封闭的西藏民情引起误导,也无疑对藏民族感情造成伤害。

由此可见,在涉及民族宗教问题上,遵守党和政府有关政策的重要性。对于这种选题必须慎之又慎,一旦出了问题则是无法挽回和毁灭性的。

2.3.3 对少数民族风俗的歪曲

举例:

某本杂志一个编辑在编辑各民族风俗栏目时,在网上随意下载了一段"穆斯林禁食猪肉,意在把猪奉为神明"。此刊物一出版,也引起了当地穆斯林的抗议,后经政府有关部门和民族宗教界人士的多方工作方得以平息。编辑被开除公职,杂志相关领导也受到了处分。

分析及纠正：

穆斯林禁食猪肉来源于穆斯林的《古兰经》教义。《古兰经》教义对可食的食物有很多禁忌，对猪的禁忌，很重要一条是认为猪是一种不洁之物。那种认为"穆斯林禁食猪肉意在把猪奉为神明"的观点是一种恶意的曲解，是对穆斯林民族的一种伤害。因此编辑在加工涉及少数民族内容的图书过程中一定要特别注意把好关，绝不能出现伤害民族感情的文字。

2.3.4 对宗教信仰的游戏

举例：

20世纪90年代兴起一阵脑筋急转弯类图书，某出版社组织了一套漫画版的脑筋急转弯图书。在审稿过程中发现有一幅图，画了一个头戴厨师高帽的人，左手举着一个十字架，右手拿着一把菜刀，面前的菜板上放着一只猪头。图中文字写的是："向猪先生致哀？"经三审研究认为，此图很敏感，不管其本意如何，比较严肃和敏感的宗教标志与禁忌物出现在如此的场面是绝对不可以的。出版社立即通知作者换下了此幅漫画，从而避免了图书一旦出版后可能在信教群众中造成的麻烦和不良影响。

分析及纠正：

十字架是基督教和天主教的宗教标志，用在宗教仪式等很严肃的场合。猪又是伊斯兰教禁忌之物，把两个在宗教界如此严肃和敏感的形象放在一起，确有亵渎之嫌，势必引起相关宗教人士的不满。

对此类问题，要求编辑和作者要有足够的民族宗教观念和足够的政治敏感性，否则一但出现问题，其政治损失和影响将是无法挽回的。

2.4 涉及港、澳、台表述易出错误

2.4.1 涉及台、港、澳的表述错误

举例1：

……（台湾）1999年向欧共体只出口自行车150万台……销量较1998年全面下降。原因是台湾厂商将工厂搬到了中国。

分析与纠正：

台湾是中华人民共和国领土不可分割的一部分，不能把台湾作为一个政治实体同中华人民共和国并列。并列使用在逻辑上犯了母项和子项并列的错误，在政治上则是犯了一中一台相互独立的错误。正确的用法应该是："中国台湾1999年向欧共体只出口自行车150万台……销量较1998年全面下降，原因是台湾厂商将工厂搬到了中国大陆。"

举例2：

"1949年以前，台湾、香港、新加坡、朝鲜、日本成了中国文化研究的基地，但是即使在这些国家，中国文化研究仍然有许多局限。"

分析与纠正：

本例把中国台湾和香港与新加坡、韩鲜和日本等国家并列使用，从形式上看成是一个独立的国家，这无疑是一个政治性的错误用法。正确的用法是："1949以前，中国的台湾、香港地区与新加坡、朝鲜、日本成了中国文化研究的基地，但是即使在这些国家和地区，中国文化研究仍然有许多局限"。

2.4.2　引用台湾媒体材料的称谓错误

举例1：

"张学良……把珍藏多年的王阳明绘的一幅山水画捐给了台湾故宫博物院。"

分析及纠正：

根据我国新闻宣传的有关规定，对台湾地区的某些与祖国大陆名称相同的大学和文化事业机构，如"故宫博物院""清华大学"，应加上引号。故本例中的正确用法是把故宫博物院加上引号。

举例2：

"台海网4月30讯，据中央社报道，台行政院新闻局2日表示，气象部门资料，如果3日下午，日本福岛核电厂有新的辐射外释，6日晚上起有移到台湾附近的潜势，影响尚待评估。"

分析及纠正：

根据我国新闻宣传有关规定，对台湾的政府和各相关机构的称谓，一律加引号处理。故本段报道资料中，中央社、台行政院新闻局均应加引号，否则直接引用就属于政治类知识性错误了。

2.4.3 引用国家和地区相关数据时将港、澳、台作为一个国家出现

在一些涉及经济和管理的教材中，常常要对世界上一些国家和地区人口、自然地理或社会发展等数据进行比较分析，很多采用图、表来表达，有的还直接引用国外原版资料中的图、表。这种情况下需要作者和编辑格外注意，避免误把港、澳、台和中国并列，或把港、澳、台作为一个政治实体和其他国家并列，从而造成政治类知识性错误。

举例1：

某本教材中，在讲述某种产品原料进口情况时，给出了如下所示的表：

进口各国××原料数量表

国别	19××年		19××年	
	金额	构成比例	金额	构成比例
香港				
韩国				

续表

国别	19××年		19××年	
	金额	构成比例	金额	构成比例
美国				
中国				
意大利				
德国				
加拿大				
台湾				
法国				
丹麦				
总额				

分析与纠正：

表中国别一项下分列了香港、韩国、美国、中国、意大利、德国、加拿大、台湾、法国、丹麦等。众所周知，香港、台湾均是中华人民共和国不可分割的一部分。表中如此列项无疑把台湾、香港视同一个独立的国家与中华人民共和国并列起来，出现政治性的错误。正确的用法应该把国别一项修改成"国家与地区"。

举例 2：

在一本双语教材中有如下所示的表：

World Stock Market Capitalization

Country	Pollars（billion US.）	Percentage
Austria		
.		
.		
.		
Italy		
.		
.		
.		
Hong kong		
.		
.		

分析与纠正：

此表是直接引用的外文资料。在经济上由于港、澳、台的特殊地位，对外经济以一个地区独立存在，是我国法律所允许的，但以一个独立的政治实体出现则是违反我国法律的。因此此表中把 Hong kong（香港）与 Austria（澳大利亚）、Italy（意大利）等国家在政治上并列则是错误的。正确用法是把 Country（国家）项改成"Country and district"（国家与地区），即可解决此类问题。

3 图书思想性易出错误

3.1 导向方面易出错误

3.1.1 宣扬的观点有悖社会主义道德

举例：

某本讲述金融业如何追缴贷款的图书中采用36计的笔法，总结催还贷款的经验。其中有一个例子讲的是投欠贷款者所好，欠贷款者喜欢钓鱼就陪其钓鱼；喜欢打麻将，就陪其打麻将；喜欢唱歌，就陪其去歌厅……其语言描述中充满了旧社会商场狡诈的味道。

分析及纠正：

在金融业催收贷款中采用36计的笔法，总结催还贷款的经验，确有创新性指导意义，总体应予肯定。但是在个别经验的总结描写上背离了社会主义市场经济条件下诚信等基本道德规范，对行业、对社会产生的影响是不健康的，其结果会对人与人之间的关系产生负面效应，背离社会主义道德规范，甚至连现代资本主义社会的经营理念都达不到。这样的经验和示例是不能予以正面宣传的。对这本书的此类描述采取的措施是删改。

3.1.2 过分夸大对党和政府的批评

举例:

某本经济类教材在分析我国金融投资形势时,有如下一段叙述:"我国目前还存在金融压抑,处在金融落后……政府垄断和腐败、低水平的盲目竞争等。"

分析及纠正:

此段文字旨在说明我国目前金融形势存在一定的不利于金融投资发展的问题。可是一下子给政府扣上垄断和腐败的帽子显然是不合适的,与坚持四项基本原则是相反的。如果根据这段描述,会让人感到我国金融业的现状是一团黑暗、乱七八糟。显然,这与事实是大相径庭的。对于市场经济条件下的我国金融业存在一些缺陷和不足,这是不容回避的现实,如何在符合国家总体经济大局的前提下,客观地加以分析和描述是非常必要的。正确的做法是对此段描述进行适当删改。

3.1.3 过分宣传两性关系存在的问题

举例:

某文艺出版社曾准备出版《婚外恋大世界》。

经专家审读认为,这是一部涉及二十几个案例、数十位各式各样当事人的纪实文学作品,虽有一定的社会研究价值,但一经公开出版,极可能引起众多纠纷,产生一些副作用,而且书中有些文字粗俗,语言不美,不宜出版。

分析及纠正：

婚外恋是一个社会热点问题，无疑此图书出版会迎合社会上一部分人的好奇心理，可能会带来一些经济效益。此书中的某些内容描写，如老少恋、姐夫、妻妹恋等，对读者，特别是青少年读者，产生的作用是不良的，对社会的导向作用是不健康和值得担忧的。出版社通过审读把住了关口，避免了对社会的负面影响。

3.1.4 宣传的观点有悖社会主义核心价值观

举例：

某本指导大学生就业的图书中设了这样一个标题："吃得苦中苦，方为人上人。"

分析及纠正：

培养大学生吃苦耐劳的精神和对大学生进行艰苦奋斗教育是对大学生进行社会主义核心价值观教育的重要环节和内容。但是"人上人"的提法却是剥削阶级世界观、人生观的一种典型表述。本书使用了"吃得苦中苦，方为人上人"这样一个标题，显然有悖于社会主义核心价值观，在导向上出现了问题。

正确表述：

"培养吃苦耐劳精神，是登上成功之路的阶梯"，或"埋头苦干，成功的阶梯"。

3.2 涉及宣传封建迷信问题

3.2.1 对传统文化缺乏批判吸收

举例：

近年来，随着国家对传统文化的保护与发掘，一股复古、国学热在国内外兴起，大批原版《四书五经》《二十四孝》《孔子》《孟子》《老子》等纷纷出版，甚至走进课堂。

分析及纠正：

人大代表曾提出，要警惕和防止以假国学宣传封建迷信，面对国际、国内掀起的一股国学热，应该有一个清醒的态度。中国传统文化，特别是儒家、道家文化中有不少有益的东西，但不能忘记要取其精华去其糟粕，"国学不能过热，一热就会发炎，就会产生病态"。

对待中国传统文化的国学经典，一要去除反科学的内容，如《弟子规》中"亲有疾药先尝"，让健康的人去尝病人的药，本身是违反科学规律的；二是要去除国学经典中反民主的东西，如《论语》中强调孝道，但现代意义的孝道不是愚忠。"三纲五常"则存在不分好坏的愚忠愚孝，这对社会发展和进步是有负作用的。

3.2.2 对传统民俗文化缺乏批判吸收

举例：

近年来随着中国传统民俗文化、申遗活动的深入开展，很多地方都在挖掘少数民族的传统民俗文化,有些地方不加分析地进行复制、宣传和传承。

分析及纠正:

中国是一个具有5 000年文明的古国。现代中国人对此引以为荣。在一个正道、人和、昌明社会,挖掘和整理历史无疑是意义重大的。从人类发展的科学发展观来看,社会不断地由低向高的发展、由无知向科学的发展是历史发展的必然。传统民俗中反映了一个民族发展的历史,其中有很多东西如诚信、尊老爱幼、爱护大自然等,是现代人应该继承和发扬的,但也有一些东西,如巫术治病等是需要抛弃的糟粕。对待传统民俗文化,正确的方法是批判地吸收和继承,不是盲目地继承,这是新闻出版工作者的责任和任务。

3.2.3 宣扬"鬼神",充当传统文化

举例:

假冒出版社名义出版的《增广家用万宝玉匣记秘书》宣传"张天师祛病符法""周公解梦""十殿阎罗圣诞日期"等。

《紫薇计数全书》《紫薇计数——寻找你的星座》等图书把人生遇到的困难和疾病均归结到人的生辰八字、人的前世今生。用神话小说中的阎罗、天师、姜子牙、闻太师、姜皇后等作为解决困难、解除疾病的救星。利用人们对某些困难和疾病的不可知,以愚昧代替科学。

分析及纠正:

人类社会发展初期,出于对自然的畏惧和不可知,产生了图腾崇拜,进而演变成了以敬"鬼神"为中心的一种文化现象。在原始社会和封建社会,科学不发达,很多自然现象无法解释,人们对"鬼神"的敬畏,对超自然神话力量的崇拜是很自然的事情,统治阶级于是利用其中对自己统治有益的部分加以强化,作为巩固自己政权的一个武器。随着社会的进步,科学的发展,人们对自然现象的认识在逐步深化。但是几千年来发展起来的崇鬼神思想,在一部分人心中还很牢固,特别是一些人在自己精神上、生活上、工作上遇到困难需要排解的时候,就从鬼神当中寻求解脱和排解。

值得注意的问题是:在进行传统文化发掘,特别是对人类非物质文化遗产的发掘时,一定要注意区分古代先民图腾崇拜和"鬼神"文化的区别,科学地解释少数民族文化传承中多种文化现象;引导人们正确地看待古代少数民族的文化现象,取其精华,去其糟粕。

3.3 涉及淫秽色情出版物

3.3.1 国家对淫秽色情出版物的有关规定

1988年12月新闻出版署颁布的《关于认定淫秽及色情出版物的暂行规定》是为配合实施国务院《关于严禁淫秽品的规定》和《关于重申严禁淫秽出版物的规定》而制定的。

(1) 对淫秽出版物的认定。"淫秽出版物是指在整体上宣扬淫秽行为,具有下列内容之一,挑动人们的性欲,足以致普通人腐化堕落,而又没有艺术价值或科学价值的出版物:①淫亵性地具体描写性行为、性交及其心理感受;②公然宣扬色情淫荡形象;③淫亵性地描述或者传授性技巧;④具体地描写乱伦、强奸或者其他性犯罪手段、过程或细节,足以诱发犯罪的;⑤具体描写少年儿童的性行为;⑥淫亵地具体描写同性恋的性行为或者其他性变态行为,或者具体描写与性变态有关的暴力、虐待、侮辱行为;⑦其他令普通人不能容忍的对性行为的淫亵性描写。"

(2) 对色情出版物的认定。"色情出版物是指在整体上不是淫秽的,但其中一部分有淫秽出版物认定的七条内容,对普通人特别是未成年人的身心健康有毒害,而缺乏艺术价值或者科学价值的出版物。"

(3) 涉性作品的认定。"夹杂淫秽、色情内容而具有艺术价值的文艺作品;表现人体美的美术作品;有关人的解剖生理知识、生育知识、疾病防治和其他有关性知识、性道德、性社会学等自然科学和社会科学作品,不等于淫秽出版物、色情出版物的范围。"

3.3.2 在涉情、涉性刑事案件类出版物中出现淫秽色情或夹杂淫秽色情的描写

举例:

某些出版单位在涉情、涉及性犯罪的刑事案件类小说、纪实作品中,过分地描写强奸、乱伦等性犯罪细节及犯罪分子的心理描写、体验等。对普通人特别是青少年读者造成危害,可能诱发犯罪。

分析及纠正：

在涉情、涉及性犯罪类的刑事案件类小说、纪实作品中，不过避免地涉及性的话题，但描写和叙述的把握则是至关重要的。如果作者不能够以国家规定的对淫秽色情出版物认定标准来把握，编辑也稀里糊涂，一味追求感官刺激，一味迎合某些读者的需求，一味追求市场效应，就很难说不出现淫秽色情类的问题。因此，要求作者，特别是出版工作者，一定要学习和掌握好国家相关政策，把好出版关。

3.3.3 在现代言情小说中出现淫秽色情内容

举例：

在现代言情小说中对涉及男女主人公男欢女爱、涉性描写中细致地描写性暴露、性体验。还有的宣扬同性恋、双性恋等，还有的以口袋书形式的所谓言情漫画书在学生中传播。例如2010年在甘肃被查处的《旧爱新欢》《桃色生活》《交谊之恋》等非法书刊。

分析及纠正：

在查处的涉及淫秽色情类图书中，相当多的是非法出版物，这是因为出版社对正规出版物是严格把关的。极少数通过出版社出版的有问题书刊是因为涉及买卖书号，出版社放弃了图书的三审权所造成。还有一些非法出版物则是不法书商通过非法走私进口、拼凑等形式出版的。其危害更为严重。

更甚者是一些中学图书馆为了完成教育主管部门对图书馆藏书的要求进了大量非法出版物，其中还有涉及淫秽色情内容的书刊。据大河网2006年9月30日报道，贵州金沙县某中学图书馆所藏书中竟有被明令查禁的色情图书《遗情书》。

从案例看出，对待淫秽色情类图书的把握既是出版者，也是管理者、家长、教育部门共同的责任，千万不能忽视和马虎从事。

3.3.4 以整理宣传古代文化为名，宣传淫秽色情内容

举例：

以整理古代文化为名，对古代淫秽小说中描写的性行为、性技巧、性体验的情节不加处理地进行宣扬。

分析及纠正：

中国是有着5 000年历史的文明古国，其灿烂文化在很多图书文字中得以保存和传播。在言情类古代小说中不乏一些经典之作，其中也有在古代就颇为争议的图书，如《金瓶梅词话》《肉蒲团》《痴婆子传》《绣榻野史》《妖狐艳史》等。这其中有的含有相当艺术价值之作，如《金瓶梅词话》。有的具有一定的愤世和警示喻意，如《肉蒲团》《痴婆子传》。但其宣传封建糟粕、因果报应和淫秽色情描写都是需要批判和控制传播的。而《妖狐艳史》等一味宣传淫秽色情的图书则没有任何价值可言。

对于这类敏感的图书，应严格按照国家有关政策，对有艺术研究价值的图书，按要求控制印数、发行范围供研究者使用，不能为迎合读者需要而随意出版。

应该注意的是，随着现代出版媒体的多样化，网络音像等形式迅速兴起，在多种媒体的传播中，出版工作者更应该尽职

尽责，担负起对社会、对青少年所应担负的责任。

3.3.5 一些养生保健类图书中夹杂淫秽色情内容

在养生类图书中，以男女性生活、性保健为主题，过分地描写性生活、性体验及存在的问题，进而夸大养生及多种性器具的性效果，过分地描写性变态及与其相关的性暴力、性虐待、性侮辱等行为。

分析及纠正：

随着人们生活水平的提升，养生保健和提升人民生活质量和幸福指数提上议事日程。在特定人群中宣传介绍性保健知识、性生活相关科学知识是没有问题的。而存在的问题是过分夸大和不分场合、不分人群的宣传和传播，以及为推荐性器具，过分描写为满足性暴力、性虐待、性侮辱而生产的一些性器具。对青少年产生的危害影响是不容忽视的。

国家多年来下工夫查处非法出版物、淫秽色情出版物，据《兰州晨报》2009年5月14日报道，甘肃文化执法部门一次就查处淫秽色情书刊86个品种，8 000余册。

作为出版工作者，要有责任感和使命感，在市场经济条件下，更要把好出版物社会属性这一关，当经济效益和社会效益发生矛盾，不可调和之时，应把社会效益放在首位。

3.3.6 一些隐私、闺房和私密类图书中，夹杂淫秽色情内容

举例：

乌鲁木齐2010年查处的出版物和非法出版物中，《枕边悄悄话》《闺房悄悄话》等书刊中其内容用语淫秽，涉及大量淫

秽情节的描写。

分析与纠正：

随着国家扫黄打非力度的不断加强，一些不法书商变换了手法，以涉性的科学知识等手法，夹杂淫秽色情描写，以取悦某些读者，获得出版利润。其传播方式和传播对象都有悖于国家的规定，特别是在青少年中传播，所造成的负面影响是值得特别关注的。一些"性体验""性的随意性"等观点还会对涉世未深的青少年造成不良影响。

出版工作者在处理此类稿件过程中，必须要牢牢把握认定淫秽色情内容的基本要素。对其传播对象，是否具有艺术性、科学性加以鉴别。只有这样，才能把好鉴别关和出版关，保证出版物中不出现淫秽和色情内容。

3.3.7 少儿教辅读物格调低下

举例：

某出版社出版了一本《Q版语文》，书中以无厘头的搞笑手法改写了31篇经典语文课教材，如"孔乙己"偷盗光盘，"卖火柴的小姑娘"是演艺界新星，"孔融"的爷爷是功夫高手，"司马光"砸缸时碰到了流氓兔和机器猫，《背景》中的父亲在月台上做起了托马斯全旋……

分析及纠正：

中小学教材及教辅读物是对中小学生进行知识教育、道德教育和思想教育的工具。用搞笑的手法改写经典教材虽然可以起到调节学生情绪，在紧张的学习生活中放松身心的作用，但在判别力不强的中小学生中则会对经典教材的政治思想性产生较大的冲击，对理想道德教育产生负面影响。严肃的命题一经无厘头改写会对培养中小学生们爱国主义、互助友爱、乐于助人等社会主义道德规范产生负面效应和不利影响。有鉴于此，新闻出版部门责令停售此类读物是正确的和及时的。

3.4 涉及宣传伪科学

3.4.1 以幻术充当科学

举例：

20世纪70年代末至90年代，掀起了一股用耳朵识字、用手、用脚、用腋下识字的特异功能热。国内外一些宣传机构和一些政界人士，包括学术界权威人士也予以肯定和支持。

实际上所谓能辨字的特异功能，经过严格测试证明是通过作弊手段完成的，只不过作假手段比较快，类似魔术师变魔术。

时任国家领导人胡耀邦多次批示："对特异功能不宜进行大肆宣传，宣传这类事情对'四化'没有一点用处、好处。中国还是一个落后的国家，宣传这类事只能增加人们迷信和思想混乱，这一点请你们务必把关。"

于光远指出："人体特异功能的研究就是灵学的一个变种。灵学是一门伪科学，灵学是同唯物主义根本对立的，是恩格斯在《自然辩证法》中严肃批判过的，它同自然辩证法是不能并存的。"

分析及纠正：

之所以出现人体特异功能的辨字等现象，一是利用了人们"眼见为实"的主观经验主义基本判断；二是利用人们对科学家权威性的迷信。

当时的社会环境是全国刚开过"全国科学大会"不久，人们多年受压抑的情绪一下子释放出来，人们崇尚科学的激情非常饱满。对以"新的科学现象"面貌出现的东西还没有足够的思辨。有些政府官员和科学家也被一些假象所迷惑，陷入主观经验主义的泥潭，对所谓"特异功能"现象给予了支持，在全国范围内造成了混乱。

我们的新闻出版部门也没有以足够的辨别力来认识这种现象，对中宣部和国家领导人对此现象提出的"不宣传，不介绍，不争论，不批判，对弄虚作假者要给予批评或处分"的精神贯彻得并不好。一段时间内以人体特异功能研究为中心，在全国造成了一定的影响。后经科学界的实测，科学家们的论证呼吁，党和政府制止了这场闹剧。

3.4.2　养生类图书，宣传伪科学

举例：

近几年，为了迎合一些人保健养生的需求，出现了一些养生大师，他们出版了一些养生类图书。有的养生类图书过分宣传所谓的古今中外名人的养生经典，胡编乱造；用似是而非的内容，追求耸人听闻的独家养生之道；过分夸大食疗、导引、运动等养生疗法，很多观点还蒙上神秘外衣，突出了迷信色彩。

分析及纠正：

在当今政通人和、国泰民安的环境下，人们追求健康、长寿无可厚非。出版一些指导健康保健、长寿的科普图书是出版工作者的责任。但盲目不加选择地出版一些胡编乱造、宣传封建迷信、伪科学的养生保健图书无疑是一种对出版工作者责任的背离。《把吃出来的病吃回去》一书造成的负面影响，是出版工作者应该汲取的教训。

3.4.3 用伪科学宣传邪教

举例：

20 世纪 90 年代初，以气功面目出现的法轮功，最终成了邪教。一些出版单位出版了《转法轮》《中国法轮功》，书中贬低科学技术，宣扬唯心论，宣传封建迷信和伪科学。

分析及纠正：

"法轮功"是 20 世纪 90 年代初，李洪志以强身祛病为名，创立的法轮功组织——"法轮大法研究会"。他们所编造的"法轮大法"否定科学真理，宣扬"世界末日即将来临，现代科学无能为力"，只有"法轮功"才能拯救人类，鼓吹"法轮大法"比佛教要高，李洪志比释迦牟尼还伟大，功法比气功更高，"法轮功"是最高科学，修炼"法轮功"的人是最高的科学家。以超级"救世主"的面目出现，在思想上宣传封建迷信和伪科学，利用一些人们对科学的无知和信仰迷茫，大肆宣传"真、善、忍"，假借健身之名，扰乱社会治安，诈骗钱财，伤人害人，最终使"法轮功"成为反科学、反人类的邪教组织，被党和政府所取缔。在此事件中，出版单位也是要吸取教训的。一些出版单位所出版的"法轮功"类图书客观上起到了帮助"法轮功"提升政治威信、传播"教义"的作用，这个教训是值得吸取的。

3.5 低俗类出版物

3.5.1 职场类图书被异化成"厚黑学"

举例：

近年出版的一些《厚黑学》等职场类图书，有一些着力渲染职场潜规则，热衷于职场中治人方略和如何送礼，如何讨好上司，如何与同事周旋，宣扬面厚心黑的生存之道，鼓吹权谋心机、投机取巧、尔虞我诈的人际关系，以及急功近利、圆滑虚伪、唯利是图的人生观。

分析及纠正：

图书出版工作的社会属性要求以正确的导向引导人，用马克思主义人生观教育引导青年是出版工作者的责任。在出版单位转企改制，完全走向市场以后，更要处理好社会效益和经济效益的关系。不能忘记图书出版工作者的责任和宗旨。忘记责任和宗旨，一味迎合市场，迎合浮躁的作者、读者是出版工作的大忌，是社会责任的失落。组织一些导向正确、思想上进的职场类图书是图书出版工作者的责任。引导教育年轻人认识到：要实现人生价值，就要付出切实的行动和努力，不能只想着投机取巧，要用知识提高和丰富自己的精神世界，要教育和引导年轻人多从现代政治学、公共行政学、管理学、社会学、心理学的基本理论、观点出发，去掌握正确的人际交往规则。只有这样才能净化社会风气，才能引导步入职场的年轻人成为振兴中华的可靠接班人。

3.5.2　小说类图书宣传腐朽的人生观，模糊道德底线

举例：

一些小说类图书中，以"性"和暴力为卖点打擦边球，追求感官刺激，以细节描写和标题图书刺激读者感官。青春类图书标榜奢华的生活方式，热衷于名牌服装、豪宅、盛宴、名车和其他奢侈品的炒作，或将"二奶""二爷"当做时尚来宣扬。商战类图书中宣传和扩大你死我活、尔虞我诈、为达目的不择手段的利益之争。

分析及纠正：

这些图书所传递的信息无疑是一种模糊道德底线，宣传资产阶级腐朽人生观的体现。这与社会主义道德体系建设是格格不入的。其结果势必引导读者扭曲正确的人生观和价值观，助长消极无为的放纵生活，诱导青少年对物质迷恋，严重偏离社会主义道德体系建设，对社会的进步和发展所起的作用是消极的。

3.5.3　儿童类读物低俗化，女性读物庸俗化

举例：

儿童类读物低俗化及成人化，过分宣扬追星族，渲染凶杀

暴力等，宣传错误的历史知识，宣扬色情、凶杀、暴力，品位低下的图片隐含暧昧内容，漠视苦难，轻薄死者。美女作者类图书、女性读物存在庸俗化倾向，宣扬利用性别优势取悦男人，帮助女性成功，宣扬及时行乐。

分析及纠正：

这类图书其品位、格调无疑存在问题。对儿童读物过分宣扬色情、凶杀、暴力势必影响少年儿童正确人生观、世界观的形成，使他们小小年纪就追求享乐、刺激，漠视苦难，不尊重人生，轻薄死者，缺少人文关怀。在人际关系、道德观形成上产生的后果将是非常恶劣的。在对女性读物的宣传导向上庸俗化的倾向，无疑是宣扬一种腐朽人生观，宣扬不思进取、投机取巧、追求物质享受的世界观、人生观。

3.5.4 名典戏说，传记恶搞

举例：

近年来一些名著、经典、历史、传说被"戏说"，被"大话"，被"水煮"。戏说类、大话类图书层出不穷，以经典为消解和解构对象，以谐趣为名，恶搞语言，亵渎圣贤，肢解名著名篇，任意曲解经典。

分析及纠正：

这种戏说历史、名著经典的现象，给一些对历史、对经典本来了解不多的人们造成了历史的迷失和价值观的混乱，使历史的权威性受到质疑。以揭迷为卖点的历史类图书胡编乱造的种种假象，模糊了人们对历史人物事件的判断。一些戏说，传说的创作，宣扬拜金主义、宿命论，渲染官场、职场和人生的阴暗面以及消极、没落的人生观、世界观。其对社会的负面影响是非常有害的。作为出版工作者必须以高度的责任感和使命感，把好出版关，杜绝此类作品的出版。

4 图书科学性易出错误

4.1 概念定义易出错误

4.1.1 论证数据以偏盖全

举例：

某书稿在论述以重油为原料制氨的情况时，仅介绍了20世纪60年代初期世界及美国20世纪七八十年代初期重油制氨的情况，就得出结论，以重油为原料制氨得到了普遍发展。

分析及纠正：

氨是一种无机化合物，是一种重要的化肥、军工、医用原料。用煤、植物秸秆、重油等均能制取氨。用重油做原料制氨是一种得到氨制品的方法，其普遍应用受到原料、成本、制作工艺和设备的限制。

本书在举例不全的情况下，就得出重油制氨在全球得到普遍发展的结论是片面的。实际情况是各国的制氨原料优势不同，其工艺水平也不同，因而采用的制氨发展战略也不同。为避免此类问题出现，编辑需具备较广博的知识，否则将很难把好关。

4.1.2 蒸发与蒸馏混淆带来操作者概念的错误

举例:

某本制酒类工人技术培训教材,弄错了蒸发和蒸馏的概念,一位工人熟记了错误内容,很长时间不能用正确的概念说明蒸馏的正常操作和不正常操作。

分析及纠正:

蒸发的概念是物质从液态转化为气态的相变过程。使含有不挥发性溶质的溶液沸腾汽化并移出蒸气,从而使溶液中溶质浓度提高的单元操作称为蒸发。

蒸馏是利用液体混合物中各组分挥发性的差异将组分分离的传质过程,将混合液体沸腾产生的蒸气引入冷凝管,使之冷凝结成液体的一种蒸发冷凝的过程。

蒸发与蒸馏有相似性,但又有区别,概念的混淆势必会带来操作上的错误。这种错误对作者和编辑来说是应当记取的。

4.1.3 概念不明确引出的错误

举例:

1984年9月8日《北京日报》报道,我国图书印数居世界之首,达58亿册。而1985年7月6日《人民日报》报道,苏联1985年在北京举办科技图书展览时用了这样的叙述:"苏联出版业具有悠久的历史,是世界上出版书籍最多的国家。"苏联"全年总印书8万多种,20亿册"。

分析及纠正：

从两个报道中显然给我们一种误解，到底是中国还是苏联的出版物列世界上的首位。应该说两个报纸报道的数据都没有错。问题出在"出版书籍最多"这个概念上。"出版书籍最多"这个概念是不明确的。图书的出版统计数据包括出版图书品种数、册数和总印张数等。就这两篇报道的时限来看，从总印数来看，我国出版业列世界出版业之首；从出书种数来看，苏联列世界之首。

因此在涉及需要多项数据才能涵盖全面情况时，应该将多项数据分别列出进行比较后，才好得出综合结论，否则由于概念的含混，得出的结论也是片面和不可信的。

4.1.4 概念错误导致工程识图错误

举例：

某本工程识图教材在讲述工程识图时有这样一段叙述："从物体的前面向后面所看到的物体视图称主视图，主视图反映物体的高和宽。"

分析及纠正：

工程制图是工业设计和生产中所用的工程技术语言，是用投影的办法在平面上表达空间物体。用三个视图来表达一个物体，即主视图、俯视图和左视图。主视图反映物体的高和长，俯视图反映物体的长和宽，左视图反映物体的宽和高。在实际运用中要把这三个视图综合起来才能完整表达一个物体的主貌。

上例中"主视图反映物体的高和宽"一句概念上出现了错误。在主视图上反映不了一个物体的宽度。正确的表述是:"从物体的前面向后面所看到的物体视图称主视图,主视图反映物体的高和长。"

4.2 名词术语易出错误

4.2.1 名词术语错误使用

举例:

某本介绍养蚕技术的图书中有这样一段叙述:"蚕沙是完全的有机肥料,含 N,P,K 和大量的有机物质,同时还含有一定的植物生长激素,可以做化肥。"

分析及纠正:

蚕沙是蚕排出的粪便,是一种具有药用功能和肥料等功能的蚕业资源。这段文字叙述了蚕沙可做有机肥料并对蚕沙所包含的多种对植物成长有促进作用的成分进行了阐述。出现的问题在于"可以做化肥"一句。"有机肥料""化肥"虽然都是农业用肥料,但却是性质不同的两种肥料,两个术语的含义是不同的。"有机肥料"指的是天然的肥料,而"化肥"则是化学合成的肥料。

正确的叙述是:"蚕沙是完全的有机肥料,含 N,P,K 和大量的有机物质,同时还含有一定的植物生长激素,可以做肥料。"

4.2.2 名词术语全书不统一问题

举例：

在一本介绍森林植物的图书中，多次涉及珍稀保护树种黄檗，其别名为黄菠萝。在全书中有时用"黄菠萝"，有时用"黄波萝"，有时用"黄菠罗"。

分析及纠正：

在生物类图书中，涉及一些动物和植物名称。由于地域不同，国内外名称的用法，特别是俗名、别名差别更大。规范用法是采用被该学科所公认的学名后加拉丁名作为正名，附上别名和俗名以照顾各地域的应用习惯。但一本书中所涉及的别名、俗名应全书统一，不能有时用这个，有时用那个，给读者阅读造成困难。本例中出现的情况就是一个典型，本例中别名统一使用"黄菠萝"为好。

4.2.3 专业术语应用错误

举例：

在农林业科技图书中，常把"森林覆盖率"说成"森林覆被率"；涉及轮船、船舰类图书中把"声呐"说成"声纳"。

分析及纠正：

自然科学和工程技术图书中常涉及专用术语和专用名词。由于地域差别，有些术语名词是从国外资料翻译而来，文种不同，版本不同，在国家或行业尚未使用标准规范之前有些名词术语用法不一致。在国家或行业有了规范之后，有的还没有改正到标准之内，这种情况就需要加以纠正了。例子中的情况就是因上述原因造成的。为避免此类问题的出现，要求编辑要不断丰富自己的知识，通过学习和查阅相关资料，发现和纠正图书中存在的专业术语应用错误。

4.2.4 外文名词直译造成科学性错误

举例：

光量子英文译名为 Light quantum。有人据此推断光介子应译成 Light meson。

分析及纠正：

中文名词译成外文，有的有相对应的外文名称，有的需直译。在翻译过程中一定要根据权威工具书和专业辞典来做依据，不注意翻译当中的规范要求，望文生义，片面理解和推断，往往会造成错误。本例光介子译成 Light meson，则成了"轻介子"，造成了科学性的错误。本例光介子的正确译法是：photo meson。类似的例子还有，如古代的"大学士"英文应译成：grand secretary，而有的书则译成了 great scholar（大学者）。

4.3 公式、数据易出错误

4.3.1 公式使用错误

举例：

某本解析不等式的图书中，在编校过程中忽略了公式角标

的应用规则,导致了公式的错误。这种错误甚至出现在标题之上,如:

1.7 $\dfrac{\Gamma\frac{1}{x}(x)}{\Gamma\frac{1}{y}(y)}$ 的估计及其应用。

1.8 $\dfrac{\Gamma\frac{1}{x}(x+1)}{\Gamma\frac{1}{y}(y+1)}$ 的估计。

分析及纠正:

这两个标题中的公式均是错误的。问题出在角标的书写上。1.7和1.8中 $\Gamma\frac{1}{x}$ 应为 $\Gamma^{\frac{1}{x}}$,$\Gamma\frac{1}{y}$ 应为 $\Gamma^{\frac{1}{y}}$。在数学公式中角标具有特殊的含义和指向,排版的错误、编校的粗心都会带来内容的差错,这是图书编辑工作中容易出现问题的环节。编辑一方面要熟悉所编图书内容,具备较强的知识面;另一方面就是要细心,认真研究原稿,并且根据公式和相关内容的叙述找出表达不一致的地方,从而提出问题,解决存在的错误。

4.3.2　用药剂量的不准确带来的科学性错误

举例:

某省科技出版社曾出版过一本《家庭饲养技术》,在叙述治疗鸡病时写道:"饲喂苏打片,日喂两次,每次0.25克……"江苏泰县一养鸡专业户照此饲喂,结果第二天500只小鸡死亡。

分析及纠正:

此例是科技类图书因数值错误产生严重后果的一个典型案

例。这个因按照出版社所出版的图书提供的数据给鸡治病而导致鸡死亡的情况，后受到用户的投诉。经鉴定是因药剂过量而导致 500 只鸡的死亡。追查到该书，发现 0.25 克苏打片剂量是 0.025 克的误用。小数点后移一位，造成药剂量增加了 10 倍，类似因出版物中出现的数值误用，造成严重后果的案例不止这一例。作为一名编辑，对科技类图书中所涉及的对人、植物、动物治疗用药剂量，必须严格核对或进行相关技术处理，否则出现问题后悔也来不及。

4.3.3 公式数据使用的不规范造成科学性错误

举例：

某本专著中用了这样一个公式：

$$E = 1 - G = 1 - \frac{ARGR}{PRGR}$$

式中：E——植物群落生态强度；

G——植物生长指数；

$ARGR$——Actually real growth rate（植物有效生长速率）；

$PRGR$——Potentially real growth rate（植物潜在生长速率）。

分析及纠正：

在某些专著中，特别是引用国外学者研究成果时，对公式量的符号使用上不规范，随意性也比较大，像公式中这样采用具有特定意义的外文词组缩写代表量的符号问题具有一定代表性。根据量的单位符号使用规则，量的符号一般为单个拉丁字母或希腊字母。在中文专著中对此类问题应按规范妥善加以处理。

按以下方式处理为宜。

$$E = 1 - G = 1 - \frac{A_R}{P_R}$$

式中：E——植物群落生态强度；

G——植物生长指数；

A_R——植物有效生长速率；

P_R——植物潜在生长速率。

4.3.4 公式符号使用不规范错误

举例：

某本专著中有这样一段论述：按下列公式计算试样的质量损失率 RML，只有当素材的 RML 不低于 25% 时试验方为有效。

$$RML = (m_1 - m_2)/m_1 \times 100\%$$

分析及纠正：

式中质量损失率用 RML 表示，是一种非标准的表示法，按照量的符号表示法规范，量不应采用多个字母表示，应采用单个主字母英文或希腊文字母表示。

正确用法：

为保证原著基本风格，此段文字和公式中质量损失率量的符号采用 R_{ML} 表示为宜。

4.3.5 公式中量的代号不规范带来的科学错误

举例：

在一些科技类图书中，常用公式来表述一些数学量、物理量之间的关系。在一些自然科学涉及面比较窄的专业，如森林防火、石油钻探等，要用到一些公式来描写自然现象，阐述科学道理和理论，往往要用一些西文符号代表物理量。在对此类图书编辑工作中有时碰到西文符号所代表量时不符合一般量的符号要求，名词缩写字母做量的符号，还有的对同一量全书所用符号不一致。

分析及纠正：

科技图书中用西文符号代表物理量是一种科学表达方法，在一些通用专业里，我国或在世界范围内都有统一规定，如速度用 v 表示，力用 F 表示；但某些新兴学科和边缘学科则缺乏这种规定，有一些作者不懂得量的表示方法的一般原则，因此出现了一些量的表示方法不规范的问题。在处理此类书稿中，编辑应帮助作者在学习的基础上规范公式中量的符号用法，从而使图书内容更具有科学性。

4.3.6 相关数据用法不一致引发错误

举例：

某出版社拟出版一本反映国际共产主义运动历史的图书，编辑在审稿中发现对意大利共产党的一段叙述有疑点。这段文字叙述道：意大利共产党第一次代表大会代表为 58 000 人，第二次代表大会代表为 35 847 人,第三次代表大会代表为 70 人,第四次代表大会代表为 56 人。

分析及纠正:

编辑审稿后认为这组数据存在问题。一是第一、第二次代表大会代表人数与第三、第四次代表大会代表人数差别太大;二是代表大会有几万人的代表这个数据不可信。经过查阅相关资料核对,书稿中所叙述的第一、第二次代表大会代表的 58 000 人和 35 847 人是当时意大利共产党的党员总数。

从上例中可以看出,在同类事件的叙述中,编辑可以通过对同类数据的分析,找出疑点,发现问题,从而保证图书出版的严肃性和科学性。

4.4 文字差错造成的科学性错误

4.4.1 句子叙述逻辑混乱导致科学性错误

举例:

某出版社出版的《常见病综合康复治疗》一书中,有这样一段叙述:"目前疾病治疗的重点已经从急性疾病逐步向功能性障碍和残疾的疾病转移,人口老龄化日趋严重。"

分析及纠正:

看了这段话以后,给人以很混乱的感觉,"人口老龄化日趋严重"和上一句相联系,使人们很难理解"目前疾病治疗的重点已经从急性疾病逐步向功能性障碍和残疾的疾病转移",和"人口老龄化日趋严重"之间的因果关系,显然这段论述的概念在逻辑上表述得很混乱。经过对上下文的分析、理解,认为做如下调整可能是作者本来要表达的意思:"随着人口老龄化日趋严重,疾病治疗的重点逐渐从急性疾病转向功能性障碍和残疾的疾病。"

4.4.2 文字差错引起的意义不清造成科学性错误

举例:

在一本介绍世界遗产的教材中,在介绍大足石刻时有这样一段文字:"五山摩崖造像以集佛教、道教、儒教三教造像之大成而闻名,在中国石窟艺术中独树一帜。"

分析及纠正:

大足石刻位于重庆市大足县境内,分布于 40 多处,其中"五山"(北山、宝顶山、南山、石篆山、石门山)摩崖造像以艺术精湛、题材多样、内涵丰富、保存完整而著称于世,从不同侧面展示了 9 世纪末至 13 世纪中叶中国石窟艺术风格及民间宗教信仰的重大变化、发展,证明了这一时期外来宗教佛教与本土宗教道教和儒家思想和谐相处的局面。

本段叙述的错误在于把儒家思想误成了"儒教",使人读后难以理解本意。

经审稿提出疑义后,作者修改了此段文字,保证了整个叙述的完整和正确。修改后的叙述为:"'五山'摩崖造像以集释(佛教)、道(道教)、儒(儒学)'三教'造像之大成而闻名,在中国石窟艺术中独树一帜。"

4.4.3 文字错误造成句子模糊不清的科学性错误

举例：

某本科技类图书，主要介绍野生果蔬植物的加工与利用。在谈到对野生果蔬进行保鲜时，提出"通过喷洒保鲜液，使之维持政党色泽。"

分析及纠正：

文中"使之维持政党色泽"一句，从字面上看使读者搞不懂，这段话究竟要说的是什么。从上下文分析后，可以推断出此句主要说明的是通过喷洒保鲜液，要保持野生果蔬的正常色泽。文中的错误是打字时把"正常"两字误打成了"政党"，故此，此句的正确用法是："通过喷洒保鲜液，使之维持正常色泽。"

举例：

某本森林航空消防培训教材中，指出"各级领导和各有关部门对待森林防火工作应该高度重视，措施到住。"

分析及纠正：

文中"措施到住"一句，使读者感到茫然，不知道书中所要传达的意思，通过上下文的联贯分析，此句要表达的是"措施到位"。可见，一字之差，作者要表达的意思就完全不清楚或变样了。

正确用法是："各级领导和各有关部门对待森林防火工作应该高度重视，措施到位。"

4.4.4 一字之差引起的科学性错误

举例:

某本介绍水果猕猴桃的书中有这样一段叙述:"猕猴桃,别名阳桃、藤梨等,是世界上的一种新兴水果,原产我国。李时珍在《本草纲目》中也曾有'其形像梨,其色如桃,而猕猴逃喜食,故有其名的说法。"

分析与纠正:

猕猴桃作为一种水果,含有丰富的维生素 C、膳食纤维,具有抗癌功能和降低胆固醇、促进心脏健康等功能。

本文叙述的意思是要说明猕猴桃是因猕猴喜食而得名。"猕猴逃"是作者写作时出现的笔误。"猕猴逃喜食"一句的确让人读了不知此句表达的是何意思。正确的表述是:"猕猴桃,别名阳桃、藤梨等,是世界上的一种新兴水果,原产我国。李时珍在《本草纲目》中也曾有'其形像梨,其色如桃,而猕猴喜食,故有其名'的说法。"

4.4.5 逻辑错误造成的科学分类不当

举例:

某本介绍中国与俄罗斯林业贸易的图书中,有这样一段叙述:"中国与俄罗斯近年林业贸易进一步加强,由单纯进口针叶材,如红松、白松、落叶松、橡木等,进一步向进口针叶材和阔叶材多品种方向发展。"

分析及纠正：

随着中俄关系的发展，中俄林业贸易进一步加强，俄罗斯丰富的林业资源与中国林业熟练从业人员的优势互补为两国资源开发、贸易提供了广阔的发展空间。进口木材品种的增加对我国林业资源的短缺是一种很好的补充。

本段叙述中整体上是向读者表达中俄林业贸易的积极发展前景。但在叙述时，由于对植物分类知识的缺乏，在叙述植物类别时出现知识性逻辑错误，把本属于阔叶树的橡木划到了针叶树中。

正确的表述是："中国与俄罗斯近年林业贸易进一步加强，由单纯进口针叶材，如红松、白松、落叶松等，进一步向进口针叶材和阔叶材如橡木等多品种方向发展。"

4.4.6 一字之差意思相反，造成科学性错误

举例：

某本科普图书介绍橡胶制品时叙述道："对橡胶制品添加某些老化剂，以防止橡胶老化。"

分析及纠正：

橡胶制品是由橡胶树的汁液经过提炼加工而制成的。

橡胶制品与人们的生活息息相关，从人们乘坐飞机、汽车的轮子，到日常生活用品中都有橡胶制品的身影。天然橡胶制品受外界环境影响是容易老化的，提高天然橡胶的品质、增加耐用度是科学工作者的科研课题。在橡胶制品生产过程中添加抗老化剂是防止橡胶老化，增加橡胶制品的使用时间的有效

途径。

本文叙述中原意是要把这种意思表达出来,可是因为对科学知识的理解不够,把"添加某些抗老化剂",误写成了"添加某些老化剂",一字之差,意思就反了。

正确的表达是:"对橡胶制品添加某些抗老化剂,以防止橡胶老化。"

4.5 知识储备不足引起的科学性错误

4.5.1 人名、地名用法的不规范性,造成科学性错误

举例:

有的图书在涉及一些重要地名、人名上使用旧的译法,与国家和行业规范的地名、人名用法不一致,如"波罗的海"写成"巴鲁特海";"英吉利海峡"写成"英吉里海峡";把"札幌"写成"扎幌";把"米开朗基罗"写成"米开朗琪罗";把"丘吉尔"写成"邱吉尔";"亚马孙"写成"亚马逊"等。

分析及纠正:

在图书中出现这类问题,大多是国外人名和地名,由于引用资料不同,不同人的译法又不尽一致,往往会出现对同一地名、同一人名用法不一致的情况。为解决这类问题,编辑要尽可能多地查阅权威资料,有相关人名、地名规范的就采用规范,无规范的则用权威性词典、标准地图等权威性工具加以规范,尽可能少地出现人名、地名用法的不规范问题。

4.5.2 生物知识不足造成科学性错误

举例：

某本植桑养蚕技术图书中，列举了我国最大的一株桑树，产于西藏，号称桑树王，胸径达24米。

分析及纠正：

桑树是桑科几种不同的小型和中型乔木的的通称，原产于亚洲温带及北美。《简明不列颠百科全书》记载："真正的桑树株高可达24米；叶具齿；葇荑花序；果似茶藨子，大而甜，长2.5~5厘米，白色、粉色或黑紫色，是由整个花序发育而成的由许多小浆果组成的复果，鸟类喜食。"

由此可见书中介绍西藏桑树王的文字出现了失误，很难想像胸径24米的桑树，其高度会是多少，一种中小型乔木出现如此的胸径，从常识判断也是不可能的。出现这样的科学性、知识性错误说明作者和编辑一方面应加强知识储备，一方面应认真对待每一组数据，不准出现知识性的科学性错误。

此段叙述的正确表述应为："产于西藏的一株桑树，号称桑树王，高度达24米。"

4.5.3 书中叙述时间交代不清，造成科学性错误

举例：

一些图书在叙述某些和时间相关联的事件时，常用"今年""去年""目前"等用法。

分析及纠正：

图书是一种具有长期保存价值的出版物，担负着文化传承的任务。一本书中所记载的事件、人物，是会被后人所查阅和应用的。"今年""去年""目前"这样的时间概念会对多年以后的阅读和查阅带来麻烦，在图书出版时还可以凭当时的出版时间了解这个"今年""去年"的一些情况，年代一长就给阅读图书所叙事件时间造成困难。

正确的做法是，在编辑加工过程中，凡涉及"今年""去年""目前"这样的时间叙述，一律要求作者订正具体时间，从而保证图书所述事件时间的准确性，避免读者去猜事件发生时间所造成的浪费和因此而导致的在事件时间理解上的误解。

4.5.4 同一时间同时出现相同史实，造成科学性错误

举例：

在一本某单位出版的史志图书中，其主要领导任职的沿革上出现了这样的情况：同一职务的上一任领导任职时间和下一任领导的任职时间重叠了六个月。

分析及纠正：

同一职务、同一单位按照组织的任免程序不可能同时任命两位领导。在某一段时间内，由于某种原因，某一职务暂时空缺或由某位领导暂时代行职务的情况会有发生。当发现这种同一职务、同一单位相互重叠的情况时，完全可以判定，史志中所记载的时间发生了问题，不是出在前任领导，就是出在后任领导。

上述举例情况被发现后，经仔细查对资料，在该史志进行修订出版时，纠正了这个时间上的错误，从而保证了这部史志书稿中关于领导人任职时间的准确性和可信度。

4.5.5　年代不实引起的政治类科学性错误

举例：

"在中华人民共和国成立五十周年阅兵大会上，大学生队伍打出'小平您好'的横幅"……

分析及纠正：

此段文字叙述问题出在年代、时间上。打出"小平您好"横幅的阅兵大会是庆祝中华人民共和国成立三十五周年阅兵大会，而不是庆祝中华人民共和国成立五十周年阅兵大会。

正确用法是：

"在中华人民共和国成立三十五周年阅兵大会上，大学生队伍打出'小平您好'的横幅"……

4.5.6　伪科学对科学性造成影响

举例：

有些书稿的作者以探索科学的面目出现，把一些伪科学、假科学的内容加以宣扬，如"水变油""永动机"等命题的提出。

分析及纠正：

在对待科学探索问题上，编辑应具有创新精神，积极支持一些勇于探索人类未知之迷的人士发表他们的见解。但是这种探索应该是符合科学规律的，是建立在唯物主义科学观之上，那种唯心的建立在凭空想象基础上的假科学则很难与科学相联系。对此编辑应该积极努力地学习，掌握科学的一般规律和辨别方法。对于作者书稿中涉及伪科学、假科学的观点能够及时发现，从而保证出版物内容的科学性。一般而言，一种新的科学观点的出现首先应该在杂志上得以发表。如果未在任何刊物上发表的所谓新的科学观点一下子就要著书立说，这样的科学观点就需要编辑认真鉴别真伪了。

5 图书艺术性与知识性易出错误

5.1 图书艺术性易出错误

5.1.1 封面版式设计影响图书的艺术性

举例:

某人民出版社第一次出版《张良与留侯祠》一书时,经审读发现封面大,版心小,且很多图版不清晰,经研究决定将已印好的图书报废处理。

分析与纠正:

该人民出版社本着对读者、对出版社负责的态度对图书封面设计、版式设计、图片不清等缺乏艺术性、质量低下的图书果断处理,是值得赞赏的。一本好的图书是内容与形式的完美结合。再好的图书内容,若其封面、版式设计等粗制滥造,都会使一本图书的艺术性大打折扣,图书的质量更无从谈起,其结果必然会对作者、对出版社造成名誉和经济上的损失。

5.1.2 封面设计颜色选择不当

举例:

某本介绍生物技术的图书,采用了以红色为基调的设计。

分析及纠正：

图书封面设计离不开对颜色的选择和运用，同样，色彩的基本含义也会在图书封面设计中得以体现，如红色表示热烈庄重，黄色表示明朗、高贵，绿色表示安静、富有生命力，白色表示纯洁等。在图书封面设计中也同样适用。在图书封面颜色的选择上，主色基调一定要和图书内容表现的主题相一致，配色要体现和突出主题。颜色的选择要注意稳定、和谐，既有艺术感染力，又要符合科学规定和标准，也要考虑到材料和工艺等条件。

本例中介绍生物技术的图书其主色调还是选择象征生命的绿色为好，可以突出和强化本书的主题，对全书内容起到烘托和宣传的作用。

5.1.3 封面用图与内容的协调

举例：

一些图书封面设计不注意用插图来体现图书主题，内容随便拼凑，或所选插图、所画插图与内容不贴切，追求纯之又纯的形象艺术，与图书内容不协调。

分析及纠正：

现代图书的封面设计大量运用插图，插图作为封面设计的一个重要元素，就是要选一幅能代表书中典型内容的插图放在封面。因此在进行封面设计时，文字编辑一定要和作者商量从图书内容中选图或将相关想法反馈给美术编辑，力争用最完美和简洁的插图表达该图书的主题思想，让插图在封面设计中起到提炼图书主题，体现图书特点和风貌，融思想性、科学性于一体，达到美观新颖，体现封面设计艺术性的目的，使封面设计成为一幅完美的艺术品。

5.1.4 插图设计的艺术性问题

举例：

在一些图书的插图运用上存在着缩放比例不当、清晰度不够、排放位置不当等问题。对一本书的整体艺术性来讲，这无疑是一种缺憾。

分析及纠正：

插图是指以文字为主的图书随文插入的必要图形。它不仅有利于美化版面，而且可以更简明、确切、生动地表达出文字难以说明的内容。科技图书的插图不仅能形象表达内容，而且是一些重要观点、效果的佐证；社会科学和文艺类图书的插图常常对烘托气氛、强化图书内容的感染力有重要影响。

在插图的运用上要求掌握插图运用的基本原则，做到图文紧密结合、图面清晰、线条匀称、体例统一、缩比适当，还要考虑工艺性和经济性，使插图能够做到准确性和艺术性的完美结合。

5.1.5 版式设计艺术性问题

举例：

在图书版式设计中，有的版式设计在版心、行长、行距、文字、字体、字号、标题、图表、空白等版面构成要素使用上,没有做到有机融合,因而当图书拿到手后感到要么版式呆板,要么版心过大或过小,缺乏统一的美感。

分析及纠正:

图书的版式设计是一项细致而复杂的工作,既需要对版式构成要素的全面理解、灵活运用,也需要将图书的思想性、政治性和艺术性有机统一。字号选择要考虑到不同的读者群,如老人、儿童阅读的图书字号要大一些;字体选择上也要和图书表达内容相吻合,如序言、目录、附录等要采用与正文不同的字体;标题要考虑体现内容的层次结构和版面的美观;图表要注意内容的关联和有序排列;版心和空白的运用要根据图书类别、读者对象、美观、舒适等因素综合考虑。只有认真地、系统地将版式各有关因素有机结合,方能做好一本图书的版式设计,体现版式设计的艺术性。

5.1.6 封面用字不协调

举例:

有些书的封面用字不注意协调和美观。有的过分突出副标题的字号,将副标题字号超过主书名,有的广告性词语占了很大版面,有的过分渲染插图,使书名处于从属位置。

分析及纠正:

封面用字的协调和美观对图书封面设计很重要,一本书的封面设计如果忽略了书名的主体地位,这个封面设计是不成功的。合理地选择用字,将所有封面用字根据其作用分出主从,有机组合,会大大提升图书封面的效果。书名一定要放在封面设计的显要位置，其他相关文字以衬托书名为原则，与构图、颜色等元素有机配合，以取得相得益彰的效果。用字、拼音、外文的准确性、规范性也应特别注意。

5.1.7 艺术性与色情的区分

举例：

山东某出版社拟出版一本《人体艺术魅力》，经专家审读认为该书有一定的科学艺术价值，但个别部分有对性的露骨描写。

分析及纠正：

人体艺术是很多年轻人感兴趣的一个话题，描写宣传艺术之美是美术工作者和美术出版工作者的责任。对于人体艺术和色情所涉及的性的问题，应该严格按照国家关于对淫秽色情出版物认定的有关规定来把握，严格处理好艺术与色情的界限。涉及此类选题请业界有关专家进行审读是一个值得借鉴的好方法。该书经专家审读后修改和删节了部分色情内容，使该书得以出版。

5.2 历史知识类错误

5.2.1 古代帝王人名错误导致史实失误

举例：

在一本介绍世界遗产的教材中提到了大足石刻。在介绍8世纪中叶，唐朝皇帝为躲避农民起义军而逃亡，大批工匠跟随逃入四川腹地时,其中有这样一段叙述:"公元880年,唐朝首都长安被叛军占领,大批优秀的画师和石刻工匠跟随唐熙宗逃亡四川。"

分析及纠正:

这段文字当中有三处错误,一是长安被农民起义军占领的时间是公元881年初;二是把公元880年前后的黄巢农民起义军称为"叛军";三是当时唐朝皇帝是唐僖宗而不是唐熙宗。唐朝末年,宦官专权、政治黑暗、农民起义频繁。起义军重要首领黄巢率60万农民起义军于880年攻克洛阳,直逼唐首都长安,并于881年元月攻克长安,从而迫使唐朝皇帝唐僖宗逃亡四川。

这是一段完整的历史事实。但由于作者和编辑的历史知识不足导致了三处错误。

正确的叙述是:"公元881年初,唐朝首都长安被农民起义军占领,大批的优秀画师和石刻工匠跟随唐僖宗逃亡四川。"

5.2.2　历史人物张冠李戴导致关系混乱

举例:

某出版社出版的一本历史题材书中有这样一段描述:"洪武帝驾崩,子朱允炆即位,为惠帝。朱元璋的弟弟朱棣发动政变,带兵打进了南京篡了侄儿的帝位,史称'靖难之役'。"

分析及纠正:

文中所叙述史实没有问题,但问题出在洪武帝朱元璋与朱允炆和朱棣的辈分称谓上。朱允炆是朱元璋的孙子,朱元璋死后即位为惠帝。朱棣是朱元璋的第四个儿子,洪武帝时被封为燕王,朱元璋去世后,因不满继位的侄子朱允炆削藩政策,发动兵变,夺得帝位,改国号为永乐。史实原本是朱元璋儿子夺了继承了皇位的朱元璋的孙子的帝位,却被写成朱元璋弟弟夺了朱元璋儿子的帝位,出现了历史知识的错误。造成这种错误的原因极可能是作者按封建社会一般由皇子接替皇位的惯例来进行推断,故此出现了这种错误。

正确用法:"洪武帝朱元璋驾崩,皇孙朱允炆即位,为惠帝,朱元璋四子燕王朱棣发动政变,带兵打进南京篡了侄儿的帝位,史称'靖难之役'。"

5.2.3 历史事件主体叙述不准导致错误

举例:

某本书稿中有这样一段叙述:"1900年八国联军侵入北京,一把大火烧毁了皇家园林圆明园。"

分析及纠正:

中国历史上由于清政府的腐败无能,多次被列强入侵,签订不平等的卖国条约。圆明园被烧毁是1860年的英法联军入侵北京后所实施的暴行。文中所述与史实有出入。1900年的八国联军进攻北京是英、法、德、俄、美、日、意、奥8国近3万军队,以义和团运动反抗作恶多端的西方传教士领事为借口,企图共同瓜分中国而对中国的入侵。其结果是清朝战败,签订了不平等的"辛丑条约"。

正确描述：

"1860年英法联军入侵北京，一把大火烧毁了皇家园林圆明园。"

5.2.4　文明古国叙述出现逻辑错误

举例：

某本介绍历史知识的图书中有这样一段叙述："亚非文明古国有古埃及、古罗马、古希腊、古印度、古中国。"

分析及纠正：

文中所提到的五大文明古国分布在亚洲、欧洲、非洲，即亚洲：古中国、古印度；欧洲：古希腊、古罗马；非洲：古埃及。

这里只提亚洲、非洲文明古国，显然在逻辑上出现了母项不能包容子项的问题，从而导致了历史知识的错误。

正确用法：

"世界文明古国有古埃及、古罗马、古希腊、古印度、古中国。"

5.3　科技类知识性错误

5.3.1　生物知识错误

举例：

某本科普图书中有这样一段叙述："从生物学的角度来

看,多数动物的生活温度范围为 -5~50 ℃,过高或过低都会使其难以忍受。淡水动物比海水动物的忍受能力强些,淡水动物可耐 40 ℃的高温;海水动物只能忍受 30 ℃的水温;陆生动物一般要比水生动物耐温性高。蜘蛛能在 46 ℃以下生活,爬行动物和鸟类能在 45 ℃下生活,而哺乳动物当温度达 42 ℃以上时,就会死亡。对低温的耐受能力,各种动物之间差别更大。蜜蜂在 -5℃就会被冻死,而玉米螟的幼虫能忍受 -30 ℃的低温。恒温动物的耐寒力远比变温动物强,鸡能在 -40 ℃的低温下生活 3 小时,而狗则能耐受 -160 ℃低温达 5 小时。"

分析及纠正:

此段文字从生物学角度,按不同分类举例讲述了动物的生活温度和极限生存温度。从文字可以看出恒温动物耐低温能力较强,"鸡能在 -40 ℃的低温下生活 3 小时,而狗则能耐受 -160 ℃低温达 5 小时"。

问题出在狗的耐受低温能力。在这里,我们从常识判断的角度来分析这个问题。据资料记载,人类居住的地球南、北极为气温最低,南极平均 -50 ℃,最低气温为 -88.3 ℃;北极地区平均气温 -18 ℃,最低气温为 -66.7 ℃。南极无原著居民,而北极只有极少数原著居民——爱斯基摩人,与爱斯基摩人共同生活的爱斯基摩犬适应北极严酷的天气,可耐受近 -70 ℃的低温。大家知道地球上的生物是亿万年物种竞争、适应环境的结果。从狗所能生存最低温度的自然条件分析,书中提到狗耐受 -160 ℃低温,显然是错误的,极可能是把 -60 ℃误写成了 -160 ℃。

5.3.2 羊和羊肉不分造成的知识性错误

举例：

某科技出版社出版的一本菜谱中，有一道菜的做法是这样叙述的："黑山羊 1 000 克去尽毛斩成小条，下冷水锅烧开后煮 5 分钟去尽血污，姜切片待用。"

分析及纠正：

这段叙述使人看过很迷茫。"黑山羊 1 000 克"之意义使人难以理解，是一只 1 000 克重的黑山羊吗？显然不可能，目前还未听说有重 1 000 克的羊。那无疑是 1 000 克黑山羊肉了。一段文字中少了一个"肉"字，使人读不懂，甚至造成误解，以至于很难操作。在科技类实用技术丛书中类似的例子有不少，一方面影响了读者的使用，甚至造成错误；另一方面，使作者对图书产生怀疑，影响了作者和出版者的声誉。这样的错误是出版者应该特别注意的。

5.3.3 介绍保护动物触犯了国家相关法律法规

举例：

有的出版物在介绍珍稀保护动物时，常介绍动物的肉用、毛皮、药用等功能。

分析及纠正：

《中华人民共和国野生动物保护法》及相关一些法律法规对珍稀野生动物及其制品保护作了相关规定。有的动物如东北虎，其身体的全部都是被保护的，用做药用的虎骨、虎骨胶等都是法律禁止使用的。但也有一些保护动物经过人工驯化，履行一定的审批手序是可以加以利用的，如中国林蛙即是符合这种情况的。因此，要求作者和编辑要认真学习和研究国家前于野生动植物保护的有关文件，领会其精神，这样才能在此类图书的出版上把握好分寸，哪些内容可以写，哪些内容不能写，叙述到位，符合国家法规、政策要求。

5.3.4 自然科学公式数值计算错误

举例：

某材料力学习题解析一书中有这样一个例题：

$$d \geqslant \sqrt{\frac{D^2 P}{6[\delta]}} = \sqrt{\frac{0.35^2 \times 10^6}{6 \times 40 \times 10^6}} \text{m} = 22.6 \text{mm}$$

分析及纠正：

此题经过审核验算结果是错误的。按照公式中所给数值，计算结果 $d \geqslant 0.51$ mm。假如例题中 d 的结果是 22.6 mm，那么就是公式中所给数值出了问题。

对于涉及计算的例题，首先要求作者精心选择并经过验算，在编校加工过程中最好能验算一下，至少应抽查一部分，如发现问题就应通知作者进行核对。只有坚持对公式数值抽查计算的这种认真负责的态度，才能使涉及计算的图书质量得到保证。完全相信作者对整本书稿编校质量的把握程度，完全相信已排好的书版往往会出现错误，影响到整本图书的质量。

5.3.5 数值差错造成的生物知识性错误

举例：

某本研究史前文化的图书中，叙述了这样一段话："古代人的平均脑容量为 1.059 mL，现代人的平均为 1.400mL。"

分析及纠正：

稍有生活常识的人都会觉得这两个数值是有问题的，就是一只鸡的脑容量也不止 1mL。经核对，两组数值问题出在了小数点上，原稿用的是千分号，排版时，把千分号排成了小数点，编辑加工、校对过程中都没有查出这个问题，以至于闹出了这样的知识性笑话。

在图书编校加工过程中，编辑对于数值应格外留意，拿捏不准一定要认真核对，粗心大意出现错误，既是对作者和出版物的不负责任，也是对自身工作和读者的不负责任。

5.3.6 辅导书中计算实例错误带来的知识性错误

举例：

某本中学生辅导读物，讲述了用二元一次方程解我国古代数学中的鸡兔问题。在举例计算中，方程的计算出现了错误。

分析及纠正：

辅导读物是给读者自学扩大知识面所用的。其举例计算的步骤、结果对读者掌握相关知识至关重要，一旦出现错误，一方面会以讹传讹，误导读者；另一方面读者一旦找到正确的计算方法，就会对此书产生怀疑，对这本书的权威性和科学性引发质疑。再权威的作者、再权威的出版单位，图书中一旦出现这种错误，后果是很糟糕的。读者之间的互相交流，对出版物错误的质疑，对一个出版单位声誉所造成的损失，是无法估量的。在这个问题上作者要负责，编辑也应该抽查验算，把好出版关。

5.3.7 "挂一漏万"问题带来的知识性错误

举例：

某本编辑学教材中有这样一段论述："我国古籍究竟有多少，迄今仍无定论。有人说约8万种，有人说10余种，再深入探讨，文史哲等各门类各有多少；价值如何；存佚情况，整理出版如何？这对指导古籍整理，制定可行性整理规划是十分重要的。"

分析及纠正：

众所周知，中国是一个具有5 000年文明的古国，古籍作为古代文明传承的工具数量是巨大的。例文中先说了"8万种"而后又说了"10余种"，显然"10余种"是错误的，完全可能是写作或排版漏了一个"万"字，结果是10万余种，变成了10余种。这种"挂一漏万"的问题在图书出版过程中时有发生。这就要求编校工作者运用已掌握的知识，从上下文含义中推理判断可能出现的数字单位漏写漏排问题，从而避免这种"挂一漏万"问题的出现。

5.4 名言警句错误造成的知识性错误

5.4.1 名言引用文字差错造成的知识性错误

举例：

某本励志图书中为激励人们奋发向上，引用了苏联小说《钢铁是怎样炼成的》主人公的一段名言："人最宝贵的东西是生命，生命属于我们只有一次，一个人的生命应当这样度过的，当他回首往事的时候，不因虚度年华而悔恨，也不因碌碌无为而差耻。这样在临死的时候，他就能够说'我已将我的整个生命和全部精力献给了世界上最壮丽的事业——为人类的解放而斗争'。"

分析及纠正：

《钢铁是怎样炼成的》这部小说是一部非常优秀的描写苏联卫国战争的纪实性小说，该书在苏联和中国都产生了重大影响。这段至理名言曾鼓舞了一代又一代革命者奋发向上。

但从本文引用的这段话中，明显可以看出"羞耻"被误写成了"差耻"。一字之差，意思就搞不清了，很好的一段催人向上的名言就这样变成了让读者很难读懂的语言。图书原本鼓励人们向上奋进的目的被文字的差错大打了折扣，对图书内容的影响是很不好的。试想一下，连名言警句都常出错误的图书又会有多少人愿意花钱买来去阅读呢？

5.4.2 领袖引文错误造成知识性错误

举例：

某本《小城镇用地调整研究》一书中引用了恩格斯的一段话："在新的设防城市周围屹立着高峻的墙壁并非无故，它们的壕沟深陷为民族制度的墓穴，而它们的城楼已经进入文明时代。"

分析及纠正：

在编稿时感觉到"高峻的墙壁"这句话似乎于全文不贴切，用高峻的城墙可能更好。找来原文一核对，竟发现有三处与原文不一致之处。恩格斯的原文是："在新的设防城市的周围屹立着高峻的城墙并非无故，它们的壕沟深陷为氏族制度的墓穴，而它们的城楼已经耸立入文明时代了。"

由此文审稿中发现疑问，到查对核实原文，再到纠正错误，反映了一个编辑所应具备的知识性判断的过程。编辑是一个杂家，其知识面的广博是必须具备的。在众多的书稿当中要发现和提出问题，其基础是要靠自身多学科知识的不断学习和积累，这种学习和积累越多越好，这是保证编辑出版工作质量的一项基本功。

5.4.3 名言名句弄错作者带来知识性错误

举例：

有部《心理学文集》说从高 6 米的一层楼所能看见的距离不超过 9.5 千米。由此推断：李白的名句"欲穷千里目，更上一层楼"这话太夸张了。

分析及纠正：

夸张是文艺作品的一种手段，在诗歌里是常见的。作者从自然科学角度去评论诗歌的夸张手法暂且不论，这段句子里出现的问题是作者犯了知识性的错误。"欲穷千里目，更上一层楼"的作者不是李白，而是王之涣。对名言警句凭想当然随便安一个名字的做法是著书的大忌，在引用名言警句时一定要仔细核对出处，必要时要查找权威性工具书。只有这样才能保证不出或少出知识性的差错，只有这样才能保证图书的内容质量，只有这样才能无愧于编辑的称号。

6 图书技术性易出错误

6.1 量的符号和名称表示法易出错误

6.1.1 图书中使用了废弃的量名称

举例：

在一些科技类图书中，没有淘汰和更新已废弃的量的名称，仍在使用"重量""比重""比热""毫米汞柱""浓度"等名称。

分析及纠正：

随着科学技术水平的不断进步，随着国际交流和科技国际化水平的提高，一些量的名称被新的更科学的名称所代替，国家也在不断修订和颁布新的标准和规范。这就要求编辑和作者不断学习，掌握新的知识。

上述例子中"比重"原意是物体的重量和它体积的比值。1984年国家颁布的《中华人民共和国法定计量单位使用方法》取消了"重量"一词，"重量"用"质量"代替，而"比重"则被"密度"所代替。随着各项国家标准的不断完善，"比热"被"比热容"所代替；"毫米汞柱"被"帕斯卡"所代替;"浓度"则被"质量分数"所代替。

6.1.2 量值前所用数值不规范

举例:

在一些图书中,特别是非科技类图书中会出现一些涉及物理量量值和非物理量的量词前面用数字表示数值的不规范的情况。如物理量量值数值:"一 m(一米)""三 d(三天)""二 kg(二千克)""四百 km(四百千米)""二十至三十度(二十~三十度)";非物理的量词:"一支笔""二台收音机""三根电线""四本图书""三百六十元"等。

分析及纠正:

根据 GB/T 15835—2011《出版物上数字用法》的规定,遵循"得体原则"和"局部体例一致原则",上述例子中的正确用法应是:

"一 m(一米)"应为"1m(1 米)";

"三 d(三天)"应为"3d(3 天)";

"二 kg(二千克)"应为"2kg(2 千克)";

"四百 km(四百千米)"应为"400km(400 千米)";

"二十至三十度(二十~三十度)"应为"20~30℃(20~30 摄氏度)";

"一支笔"应为"1 支笔";

"二台收音机"应为"2 台收音机";

"三根电线"应为"3 根电线";

"四本书"应为"4 本书";

"三百六十元"应为"360 元"。

6.1.3 图书中量的符号及下标大小写、正斜体用法不规范

举例:

一些科技类图书所用量的符号用了正体字母,有的量的符号下标的正斜体、大小写混乱。

分析及纠正:

根据规范,用外文字母表示的几何量,如坐标 x,y,z,线段 AB,边长 a,b,c,弧 $\overset{\frown}{AB}$,点 O,$\angle A$ 等要用斜体;用外文字母代表的物理量,如 m(质量),F(力),P(压力),W(功),v(速度),Q(热量),E(电场强度)等要用斜体;数学中的一般标量(如 a,b,p,q,r,s 等),函数(如 $f(x)$ 等),集(如集 A,集 B 等),偏导数(如 $\partial f/\partial x$ 等),矩阵(如矩阵 A),排列与组合(如 C_n^r(组合)等)也要用斜体来表示。根据规定上述量的符号中出现下标时,其下标一般也应排成斜体。

6.1.4 图书中使用的量的符号不符合国家标准

举例:

一些科技类图书中没有按照国家标准规定使用量的符号。如质量符号用"W,P"或"Q"来表示;转数用 rpm;甚至还有的用英文科技语缩写词作量的符号,如某本专著中用"ARGR/PRGR"表示植物生长指数,并用此作公式中量的符号,ARGR 和 PRGR 是"Actually real growth rate 和 Potentially real growth rate(当前生长率和潜在生长率)"的缩写。

分析及纠正:

一些科技类图书中量的符号使用不符合国家标准的原因,一是翻译图书或资料中的原文不规范;二是所引用材料过早,作者未按国家标准加以纠正;三是目前尚未有该量的符号的标准用法。对于已有国家标准的量的符号应及时加以纠正,如例中的质量符号"W"、"P"、"Q"的不规范用法,应用"m"来代替;例中的"rpm"应用"r/min"表示;例中的植物生长指数尚无规范用法,但用英文缩写肯定是不对的,可以建议作者按同类量的符号命名法来命名。

6.1.5 量、数值、单位关系不规范

举例:

在工程技术类和自然科学图书中常常要对量、单位和数值关系进行表述。在这三者关系的表述上,特别是在图表上一些旧的习惯用法,不符合国家标准,如下表:

表 红松林类型与结实量、发芽率的关系

类型	结实量(kg/hm^2)	平均发芽率(%)
蒙古栎树红松林	421.9	91.5
椴树红松林	411.4	94.3
枫桦红松林	235.5	95.3

分析及纠正:

国家标准 GB3100~3102—93 中对量、单位和数值三者表

示法做了明确规定,其正确表达式为:量=数值×单位符号;数值=量/单位符号。根据这个表达式,上述表中结实量(量),kg/hm²(单位符号)和数值(421.9,411.4,235.5)之间关系的表示方法应该是:结实量=(421.9,411.4,235.5)·(kg/hm²),即(421.9,411.4,235.5)=结实量/(kg/hm²)。

平均发芽率的表示法也同上理。

表中量、单位和数值正确表示法为:

表 红松林类型与结实量、发芽率的关系

类型	结实量/(kg/hm²)	平均发芽率/%
蒙古栎树红松林	421.9	91.5
椴树红松林	411.4	94.3
枫桦红松林	235.5	95.3

6.1.6 使用旧的数学符号

举例:

某本工程技术类图书中,涉及了材料强度的计算,在计算公式中涉及三角函数的表示法,有这样的表述:"$x = \frac{1}{2} \frac{b}{\mathrm{tg}\varphi}$。"

分析及纠正:

国家标准 GB3100~3102—93 对三角函数和双曲函数做了规范。对正切符号做了重新规定,使用 tan 代替 tg,tg 作为过渡性符号。

对于工程技术和自然科学中涉及的量和单位符号，作者和编辑都要认真对待，应采用国家推广使用的国际标准、国家标准来叙述。编辑要经常翻阅和学习相关的国家标准，对书稿中的量和单位表示符号的规范性把好关。此例中的规范用法为："$x = \dfrac{1}{2} \dfrac{b}{\tan\varphi}$。"

6.2 单位符号易出错误

6.2.1 误用已废弃的非法定单位或单位符号

举例：

在一些科技类图书中错误地使用非法定计量单位，如涉及物体质量时，沿用我国旧制"斤"；涉及长度单位时，沿用我国旧制"尺、寸、丈及公尺、公分、公里等"；涉及热量单位时，沿用旧的单位"卡（cal）"；涉及容积单位"公升""西西"等。相应的，这些废弃的非法定的量的单位符号也是错误的。

分析及纠正：

国家标准 GB3100~3102—93 对单位符号做了明确规定，对已被废弃单位与相关法定计量单位的换算关系在附录列表中做了说明。如"尺、寸、丈"被列成"1 丈 = 10 尺 = 100 寸 = 3.33 米"；"1 公尺 = 1 米，1 公分 = 1 厘米，1 公里 = 1 千米"；"1 卡 = 4.18 焦耳"；"1 公升 = 1 升"，"1 西西 = 1 毫升"。

6.2.2 单位符号相乘、相除组合中表述不规范

举例：

单位符号相乘、相除组合中在中文符号表述中不规范，主要是相乘组合单位间未加中圆点，而在相除的组合单位中表述相除关系的斜线多于1条，分母有2个以上单位时又未加括号。如分子电偶极矩单位用"库米"来表示，排水模数为"0.30立方米/秒/平方公里"，心脏指数单位用"L/min/m^2"来表示。

分析及纠正：

根据国家标准规定：相乘组合单位中文符号只有加中圆点的一种形式，相乘组合单位国际符号可以有加中圆点和不加中圆点两种形式；相除组合单位可以有3种形式，即用斜杠表示、用负指数形式和分式形式表示。用斜杠形式表示，斜杠不能多于1条；分母有2个以上单位时，分母应加括号。

以上例子中分子电偶极矩单位"库米"的正确用法是"库·米"；排水模数"0.30立方米/秒/平方公里"的正确用法为"0.30m^3/（s·km^2）"；心脏指数"L/mm/m^2"的正确用法为"L/（min·m^2）"。

6.2.3 组合单位的中文符号书写采用全称

举例：

一些图书中在单位的中文符号书写上出现了一些错误，如压力系数单位符号表示成"帕斯卡/开尔文"，体积质量的单

位符号表示成"千克/立方米"等。

分析及纠正：

根据国标规定"组合单位的中文符号由每个单位的简称组合而成"，因而上述例子中单位的中文符号书写是不规范的。正确的表示方法是组合单位的中文符号书写应该使用单位符号的中文符号简称。

上述例子中，压力系数单位符号"帕斯卡/开尔文"应为"Pa/K"或"帕/开"，体积质量的单位符号"千克/立方米"应为"kg/m^3"或"千克/米^3"。

6.2.4　单位符号和中文符号构成组合单位错误

举例：

在一些图书中用单位符号和中文符号构成组合单位，有的将流量单位写成"m^3/秒"、速度单位写成"km/时"、用药量单位写成"mg/（kg·天）"等。

分析及纠正：

根据国家标准规定"不应在组合单位中同时使用单位符号和中文符号"。因此上述例子中这种单位符号和中文符号组合构成的单位是不规范的。只有当组合单位中含有计数单位或没有国际符号的计量单位时，才允许同时使用汉字和单位的国际符号构成组合单位，如："元/t"，"m^2/人"，"kg/（月·人）"等。上述例子中流量单位"m^3/秒"应为"m^3/s"，速度单位"km/时"应为"km/h"，用药量单位"mg/（kg·天）"应为"mg/（kg·d）"。

6.2.5 单位中文符号使用场合不当

举例:

一些图书对单位使用中文符号的场合理解不到位,因而在一些科技类图书中也使用单位的中文符号,或将单位符号与中文符号混用。

分析及纠正:

根据国家标准的规定,"单位的中文符号只在小学、初中教科书和普通书刊中在有必要时使用"。就是说在小学、初中教科书和普通书刊中可以使用单位的中文符号,但并不是说不可以使用外文符号,提倡的是尽可能地使用外文单位符号。在一些科技类图书中有的也在大量使用单位的中文符号,有的还比较随意,一会用单位的外文符号,一会用单位的中文符号,造成一本书单位符号使用的不统一。这种单位中文符号使用场合不当的问题在出版单位是应该把好关的。尽可能得体地使用单位的外文符号是规范和推广量和单位国际化、标准化的任务之一。

6.2.6 单位符号张冠李戴

举例:

比较典型的是把平面角的单位作为时间单位。如"学校百米记录是11″9", "新闻30′";还有用平面角的单位符号"°"表示程度和物质含量,如"Ⅲ°烧伤""酒度42°";还有把千瓦用作电能的单位,如"某火力发电站年发电量为20亿

kW"。

分析及纠正：

出现此类单位符号误用的情况在于人们对单位符号的基本定义、基本分类不清楚，以讹传讹，形成大众的、广泛的习惯错误用法，这是一种很可怕的事情。为避免这种张冠李戴的错误发生，对编辑的要求就是要熟练掌握各类单位符号的正确用法。上述例子中，"学校百米记录是11″9"应为"学校的百米记录是11.9 s"，"新闻30′"应为"新闻30分"，"Ⅲ°烧伤"应为"Ⅲ度烧伤"，"酒度42°"应为"酒精体积分数42%"，"某火力发电站年发电量为20亿kW"应为"某火力发电站年发电量为20亿kWh"。

6.2.7 用单位全称代替单位符号

举例：

在一些科技类图书中，错误地使用单位的全称或缩写作为单位符号。如 day（天），hr（hour 的缩写，小时），ppm（10^{-6}，parts per million 的缩写）等。

分析及纠正：

国家标准 GB3100~3102—93 对各类量和单位符号作了规定。作者和编辑应该根据图书所涉及的学科认真学习和遵照标准中规定的单位符号来规范自己所编图书。识别出哪些是规范的单位符号用法，哪些是非规范的单位符号。上述用单位全称或缩写作为单位符号的几个例子正确用法是，day（天）应该写成"d"；hr（小时）应写成"h"；ppm（10^{-6}）应写成

10^{-6}，在表示百万分比浓度时，可写成"μg/g"或"μg/mL"。

6.3 数值表示法易出错误

6.3.1 概数表示法易出错误

举例：

一些图书在相邻两个数字并列连用表示概数和带"几"字的概数时用法不规范，如"2、30厘米""4、5公顷""6、70岁""10几个""2000几百万""几10万分之一"等。

分析及纠正：

按照国家标准的规定，图书中概数表示法必须使用汉字数字，且相邻的两个数字之间不得加顿号。上述例子中正确用法为"二三十厘米""四五公顷""六七十岁""十几个""二千几百万""几十万分之一"。这里需要注意的是相邻两个数字并列连用不是表示概数而是表示确定数的情况时，就不适用这个规定了。如"获一、二等奖的图书分别为5种和10种"，"降雨量最多的月份为7、8月"。前者说的获一、二等奖图书后面跟着5种和10种这样确定的数值，而后者降雨量最多的月份也是具体的。故此前者"一二"之间应加顿号，后者数字间除加顿号外，还应使用阿拉伯数字。

6.3.2 用阿拉伯数字在固定词语中作为语素的数字用法错误

举例：

一些图书中对定型和特定含义的词或词组、成语、习惯用语或具有修辞色彩的词语中作为语素的数字采用阿拉伯数字来表示，如"2元1次方程""5倍子""3极管""5届3中全会""4氧化3铁""9.18事变""54运动"等。

分析及纠正：

按照数字用法的规定，对于定型和特定含义的词或词组、成语、习惯用语或具有修辞色彩的词语中作为语素的数字必须用汉字来表示。上例"2元1次方程"应为"二元一次方程"；"5倍子"应为"五倍子"；"3极管"应为"三极管"；"5届3中全会"应为"五届三中全会"；"4氧化3铁"应为"四氧化三铁"；"9.18事变"应为"九一八事变"；"54运动"应为"五四运动"。

6.3.3 阿拉伯数字与单位词头联用的错误

举例：

一些图书在使用阿拉伯数字与单位词头联用时没有遵循"阿拉伯数字不能与除万、亿及SI词头中文符号外的汉字数词联用"的原则，导致了一些错误的使用。如"6亿5千万""2百30万千瓦""2千（米）^{3}（二每千米）""5千（秒）$^{-1}$（五每千秒）""3千元""5千天""3千千瓦"。

分析及纠正:

数值表示法在我国书刊中规范比较多,在阿拉伯数字与单位词头联用时,必须遵循"阿拉伯数字不能与除万、亿及SI词头中文符号外的汉字数词联用"的原则。万、亿是我国习惯用的数词,规范允许"万、亿"可以作为单位词头与数值联用。当百、千、兆等符合法定SI单位词头时,也可以与阿拉伯数字联用。上述例子中,"6亿5千万"词头"亿"符合规定,"千"不合规定,故应写成"6.5亿"或"65 000万";"2百30万千瓦","千瓦"属法定计量单位,"万"符合规定,"千"不符合规定,故应写成"230万千瓦"或"230万kW";"2千(米)^3(二每千米)"和"5千(秒)$^{-1}$(五每千秒)"中"千"是词头,千米、千秒是法定计量单位,故应写成"2千米^3"和"5千秒$^{-1}$";"3千元""5千天"中"千"是数词,不是法定计量单位的词头,故应写成"3 000元""5 000天";"3千千瓦"中"千瓦"是法定计量单位,"3千"中的"千"不是,故应写成"3 000千瓦"或"3兆瓦"。

6.3.4 数值范围表示的不规范

举例:

在图书出版中数字范围表示常出现的问题主要有:数字范围不规范;百分数范围号不规范;用千、万和亿词头表示的数值范围不规范。如"7-9","15~25%","2~3万"。

分析及纠正:

国家标准GB3102.11—93明确规定了数值范围号为

"~",在此之后的用法均应按此标准来使用。百分数要求前后范围都要使用百分号是防止产生歧义,如"15~25%"可能被误解为"15~0.25"。用千、万和亿词头表示的数值范围要求前后范围都要用词头的目的也是为了防止产生歧义,如"2~3万"可能被误认为是"2~30000"。上述例子的正确用法为:"7~9","15%~25%","2万~3万"。

6.3.5　10以内数字的不规范用法

举例:

很多图书10以内数字用法混乱,如"一条毛巾""2种标准""3个臭皮匠合1个诸葛亮""四根管子""5福临门"。

分析及纠正:

很多图书在对数字用法上未能完全掌握标准的原义,或者全部应用阿拉伯数字,有些场合显得不得体;或者一味强调了十以内可以用汉字,十以内全用汉字,也出现了不得体的情况。正确用法是在总体原则指导下,如果要突出简洁醒目的表达效果,应使用阿拉伯数字;如果要突出庄重典雅的表达效果,应使用汉字数字。

6.3.6　公差和用量的相乘表示面积、体积书写不规范

举例1:

对于公差的表示在工程技术类图书中时有出现,一些图书对参量与其公差单位的配合运用上容易出现一些不规范问题。如"15.2±0.2mm","$10^{+0.2g}_{-0.1g}$","$20^{+0.1}_{-0.5}$mg","55±4%"。

分析及纠正：

根据规定公差参量的上、下公差不相等时，公差分别写在参量的右上、右下角；当参量与公差单位相同时，单位只需写1次；当参量与公差的单位不相同时，单位要分别列出。故此上述各例的正确用法："15.2±0.2mm"应为"（15.2±0.2）mm"；"$10_{-0.1g}^{+0.2g}$"应为"$10_{-0.1}^{+0.2}g$"；"$20_{-0.15}^{+0.1}mg$"应为"$20_{-0.15}^{+0.10}mg$"；"55±4%"应为"（55±4）%"。

举例2：

用量值相乘表示面积、体积在日常生活和科技类图书中经常出现，但不规范情况也时有发生，如表示某型号汽车体积用"4455×1765×1750mm"，表示面积用"40×50cm"。

分析及纠正：

国家标准规定，对于附带单位的量值相乘表示面积、体积的书写方法，要求每个量值的单位均应一一写出。上述例子中的正确用法："4455×1765×1750mm"应为"4455mm×1765mm×1750mm"；"40×50cm"应为"40cm×50cm"。

6.3.7 时刻和组合时间易出错误

举例：

有的图书时、分、秒的表示采用了阿拉伯数字，但时、分、秒之间的间隔未用冒号，而是采用了比例号，如"8时18分28秒"用了"08:18:28"这一不规范用法。还有的搞混了时间计量和时刻的表示，用了"8时18分28秒"是时间计量,而现在时间是"8 时 18 分 28 秒"则是时刻,两者的表示方法是不一样的,时刻的组合是把年月日、时分秒放在一起表示,其规范性也应符合国家标准的要求。

分析及纠正:

时刻的表示法按 GB/T 7408—94 的标准要求,时、分、秒均用 2 位数字表示,中间用冒号分隔。上例时刻的正确表示为:"08:18:28";时间计量的正确表示法为"8 h 18 min 28 s"。日期与时间的组合正确表示法为:年－月－日 T 时:分:秒。如"2008 年 8 月 18 日 8 时 38 分 48 秒"可以表示为:"2008 －08－18T8:38:48",也可以写成"2008 08 18 T 8 38 48"。

6.3.8 年代时间易出错误

举例:

一些作者习惯沿用文科类图书用汉字数字表达公元世纪、年代等的方法。如公元世纪用"二十世纪";年代用"九十年代";年份用"九九年"或"99 年",或"1999a"。

分析及纠正:

根据 GB/T 7048—94《数据元和交换格式、信息交换日期和时间表示法》的规定,在科技类图书中,凡是可以使用阿拉伯数字,而且又很得体的地方,均应使用阿拉伯数字,要采用标准化的简明的表示方式,按照标准公元世纪的表示法。上例中"二十世纪"应为"20 世纪";年代的表示法上例中"九十年代"应为"90 年代";年份的表示法上例中"九九年""99 年""1999a"均应用"1999 年"表示。另外,

"1990 – 1995"写成"1990 – 95"也是错误的。

6.3.9 古籍和非公元纪年数值用法不规范

举例：

一些作者和编校工作者只记得尽可能使用阿拉伯数字一条。故此在古籍参考文献和非公历纪年上也使用阿拉伯数字来表示。如："清咸丰 10 年 9 月 25 日"，"法国共和 8 年雾月 18 日"，"民国 27 年"，"正月 15"，"藏历阳木龙年 8 月 26 日"，"许慎. 说文解字. 4 部丛刊本，卷 6 上. 第 9 页"。

分析及纠正：

根据国家标准数值用法的规定，古籍和中国及世界各国、各民族的非公元纪年涉及的数字应使用汉字数字表示。

这些纪年不能与公历月日混用，除中国干支纪年和农历日月外，还应采用阿拉伯数字括注公历。根据规定上述例子的正确用法为："清咸丰十年九月二十五日（1860 年 11 月 7 日）"，"法国共和八年雾月十八日（1799 年 11 月 9 日）"，"民国二十七年（1938 年）"，"正月十五"，"藏历阳木龙年八月二十六日（1964 年 10 月 1 日）"，"许慎. 说文解字. 四部丛刊本，卷六上. 第九页"。

7 图书字、词使用易出错误

7.1 文字使用易出错误

7.1.1 字形相近，意义不同

举例：

1. 动植物名称

菏花/荷花；篮雪科/蓝雪科；卫茅属/卫矛属；麦并草/麦瓶草；灯芯草/灯心草；高粱/高粱；桧粕/桧柏；酸膜/酸模；荚迷/荚蒾；唐营蒲/唐昌蒲；弥猴/猕猴；扁蝠/蝙蝠；红班羚/红斑羚；毫猪/豪猪；宗熊/棕熊；风头麦鸡/凤头麦鸡；粟鹍/栗鹍；大韦莺/大苇莺；金翘雀/金翅雀；朱项雀/朱顶雀。

2. 名词术语

弧立双键/孤立双键；招特所/招待所；回风港/回风巷；不反/不仅；差耻/羞耻；模似/模拟；围生期/围产期；飞浅/飞溅；安常规/按常规；诸候/诸侯；硫酸氢押/硫酸氢钾；生石火/生石灰；鸡清/鸡精；氧化笨甲酰/氧化苯甲酰；社会影面/社会影响；圆孤/圆弧；消耗棹/消耗掉；精神丈量/精神力量；遂道/隧道。

3. 地名、人名、单位名

检查院/检察院；亚马逊/亚马孙；洛杉矶/洛杉矶；温洲/

温州；米开朗琪罗/米开朗基罗；鲁讯/鲁迅；中国铁通出版社/中国铁道出版社；日本本洲/日本本州；英国首相邱吉尔/英国首相丘吉尔；末代皇帝博仪/末代皇帝溥仪；博立叶/傅立叶；孔样熙/孔祥熙；嘉阴/嘉荫；扎幌/札幌；河姆度/河姆渡；辽宁陵厚/辽宁陵原；硫球群岛/琉球群岛；株州/株洲；罗北/萝北；前苏联教育家霍姆斯基/前苏联教育家霍姆林斯基。

分析及纠正：

上述例子中斜杠前为错误用法，斜杠后为正确用法。出现上述问题的主要原因是由于错误用字和字形相近，在书写或排版时误用而导致的。为防止上述问题的出现，要求编校工作细心再细心。

7.1.2 语音近似

举例：

萤光屏/荧光屏；脾气暴燥/脾气暴躁；端祥/端详；耽心/担心；道肌/道基；兵马佣/兵马俑；二恶英/二噁英；径走/竞走；白腊树/白蜡树；宗褐色/棕褐色；乘机之和/乘积之和；启乘转合/起承转合；圆木/原木；间矩/间距；栓马桩/拴马庄；积装箱/集装箱；抵毁/诋毁；手饰店/首饰店；年带/年代；互连网/互联网；疾病防制/疾病防治；基楚/基础；查标子/茶藨子；蒸藤/蒸腾；柑桔/柑橘；记帐/记账；兰色/蓝色；珍珠盐/珍珠岩；防碍/妨碍；极密/机密；铉纹/弦纹；午鹤草/舞鹤草；刻划/刻画；粘土/黏土；不沾锅/不粘锅；泡大粉/泡打粉；粘度/黏度；慌无人烟/荒无人烟；补尝式/补偿式；

做为/作为；像片/相片；照像机/照相机；沙弧球/沙壶球；恍动/晃动；予西/豫西；夫累则/弗雷德。

分析及纠正：

举例中斜杠前为错误用法，斜杠后为正确用法。以上例子中共性问题是错误用法的读音和正确用法相同，但意义却是不同的。也有的个别字曾经在某个时期使用或通用过，如"记帐/记账""互连网/互联网"等。为避免不用错字或少出错别字，就需要不断加强学习，经常查阅字典，加强语文基本功。

7.1.3 简化字使用不当

举例：

炉燵/炉膛；採伐/采伐；馀姚/余姚；琺瑯/珐琅；玲珑湖石迳/玲珑湖石径；凤求凰/凤求凰；半塈半邱/半塈半丘；予算/预算；未出镗的子弹/未出膛的子弹；兰靛果/蓝靛果；榖物/谷物；头髪/头发；乾草/干草；跳午/跳舞；遭迁/遭遇；年令/年龄；另件/零件；井告/警告；火柴合/火柴盒；交纳/缴纳。

分析及纠正：

上述例子中斜杠前为不规范的简化字，斜杠后为规范的简化字。造成简化字使用不规范的原因主要是作者和编辑对国家最新公布的《汉字简化方案》和《汉字简化总表》学习不够，因而出现了该简化的未简化，不该简化的又简化了的情况。

7.2 词语使用不当易出错误

7.2.1 看字猜义

举例1:

在一个报道中有这样一段文字:"那是一张俩人的合影,左边是一位英俊的解放军战士,右边是一位莘莘学子。"

分析及纠正:

这个例子中"莘莘学子"的用法是不妥当的。"莘莘学子"指的是众多学生,而这里只有一位,因此这句话中用"莘莘学子"犯了看字猜义的错误。正确的用法是"那是一张俩人的合影。左边是一位英俊的解放军战士,右边是一位学子。"

举例2:

某本书中有这样一句话:"当市场燃起竞相降价的烽火时,消费者正好可以火中取栗。"

分析及纠正:

火中取栗的故事源于法国寓言《猴子与猫》,比喻受人利用,冒了风险,自己却一无所获。本例所要叙述的意思是由于市场竞相降价,消费者得到了实惠。显然用"火中取栗"意思不对了。本例的正确用法是:"当市场燃起竞相降价的烽火时,消费者正好可以从中得到实惠。"

举例3：

某本书中有这样一段话："学习雷锋助人为乐，本来是无可厚非的，可有的人却认为这是一种迂腐的行为。"

分析及纠正：

"助人为乐"是共产主义道德精神的具体体现，是社会主义道德观、价值观的体现，是应该赞扬和提倡的。本段话中"无可厚非"一词使用出现了问题。"无可厚非"本意是指虽然有缺点但可以原谅，不可过分批评。显然用在这段话中是错误的。正确的用法是："学习雷锋助人为乐是全社会应该提倡的，认为这是一种迂腐行为的观点是错误的。"

举例4：

在一本描写中国改革开放的图书中，有这样一段叙述："改革开放之初，安徽凤阳小岗村农民首当其冲，搞起了联产承包责任制，拉开了中国农村改革开放的大幕。"

分析及纠正：

本例中"首当其冲"一词使用不当。"首当其冲"是一句成语，意思是处在重要的地位，最先受到攻击或遭遇灾难。正确的用法是："改革开放之初，安徽凤阳小岗村农民率先搞起了联产承包责任制，拉开了中国农村改革开放的大幕。"

7.2.2 张冠李戴

举例1：

"礼堂里雄壮地挂着中华人民共和国国旗，使人肃然起敬。"

分析及纠正：

本例中"雄壮"是指气魄或者声势很大，与"挂"这个动作不搭配，在这个句子里是多余的。正确的用法为："礼堂里挂着中华人民共和国国旗，使人肃然起敬。"

举例2：

"全社区的工人、农民、烈属、军属、机关干部和他们的家属都来参加了春节联欢会，有的还上台表演了节目。"

分析及纠正：

本例中"烈属"就是"烈士家属"，"军属"就是"军人家属"，后面的"他们"也包括了"烈属"和"军属"，显然这种用法是错误的。正确的用法是："全社区的烈属、军属以及工人、农民、机关干部和他们的家属都来参加了春节晚会，有的还上台表演了节目。"

举例3：

"'挑战者'号航天飞机起飞仅仅73秒时，麦考利夫女士与其他六名航天员一起香消玉殒。"

分析及纠正：

本例是对1986年"挑战者"号航天飞机失事的描写。七名航天员中有两名女性，五名男性。本例中问题出在"香消玉殒"一词上。"香消玉殒"是对女性死亡的一种婉称，用在两位失事的女航天员身上是合适的，但用于失事的全体航天员身上则是不妥的。正确用法是："'挑战号'航天员飞机起飞仅仅73秒时，麦考利夫女士和其他六名航天员一起壮烈牺牲。"

举例4：

"1984年3至6月，在蓬莱水城——登州古港的清淤工程中，出土了一艘古船。"

分析及纠正：

本例中错误在于"出土"一词使用不当。本例中"出土"一词做动词用，在水下发掘出文物用"出土"是不妥的。正确的用法是：1984年3～6月，在蓬莱水城——登州古城港清淤时挖掘出一艘古船。"

举例5：

"巨大的房屋、桥梁、公路、水坝等却广泛地使用着水泥。"

分析及纠正：

本例是要说明水泥在现代社会的广泛应用情况。错误在于"巨大"一词的使用上。本例中"公路"只能用"长短"来形容，而不能用"巨大"。正确的用法是："房屋、桥梁、公路、水坝等都广泛地使用着水泥。"

7.2.3 搭配错位

举例1：

"这位教师一心为了提高学生的数学水平，常常把个人的私事不做，而用全部精力投入教研活动。"

分析及纠正：

本例中问题出在介词"把"上，"常常把个人的私事不做"这句搭配不当。按照汉语习惯，介词"把"的后面不用否定式。正确的用法是："这位教师一心为了提高学生的数学水平，常常丢开个人的私事，而用全部精力投入教研活动。"

举例2：

"鉴于缺乏经验，书中不尽妥当之处一定很多，热忱地希望广大读者提出宝贵意见。"

分析及纠正：

本例中的问题在于"鉴于"的使用上。"鉴于"有"发觉到""考虑到"的意思，用在前一分句表示原因，下文指明相应的措施和行动。这里说的是"书中不尽妥当之处一定很多"，"鉴于"应该改成"由于"。本例的正确用法是："由于缺乏经验，书中不尽妥当之处一定很多，热忱地希望广大读者提出宝贵意见。"

举例3：

分析及纠正：

"是时，正值日本泡沫经济到达顶峰并开始露出破绽之际。"

分析及纠正：

本例中问题在于"露出破绽"一句的使用，"破绽"一词是比喻说话做事时露出了漏洞。显然用"破绽"一词形容日本出现泡沫经济是不妥的。正确的用法是："是时，正值日本泡沫经济到达顶峰，并开始显露出危机。"

举例4：

一本绘画作品集中，在对作品进行评价时，有这样一段话："前者画的是修养，后者画的心态。"

分析及纠正：

本例中问题出在"后者画的心态"一句上，"画的心态"表达的意思与前一句显然是不一致的，缺少了"是"一词，意思就不一样了。正确的用法是："前者画的是修养，后者画的是心态。"

举例5：

"教师和学生对通过班集体向学生进行集体主义教育这一问题上，还存在许多不同的看法。"

分析及纠正：

本例中的"对通过班集体向学生进行集体主义教育这一问题上"和"还存在许多不同的看法"中的"对"与"上"不能配合；"存在"是个自动词，不能带宾语。正确的用法是："对通过班集体向学生进行集体主义教育这一问题，在教师和学生中还存在许多不同看法。"

7.2.4 近似误用

举例1：

"三年的汗水，终于有了回报，站在领奖台上，她兴奋得不能自己，泪水刷刷地流了下来。"

分析及纠正：

不封口的"己"，即自身，"自己"是一个常用语；"自已"是一个文言结构，"已"表示停止的意思。"兴奋得不能自已"是指自己不能控制自己，无法让激动的情绪平静下来。而"不能"是无法修饰"自己"的。故此，"兴奋得不能自己"是误用，只能用"自已"。

正确用法："三年的汗水，终于有了回报，站在领奖台上，她兴奋得不能自已，泪水刷刷地流了下来。"

举例2：

"在工地上，劳动大军夜以继日，连续奋战30多个小时。这种革命豪情，饱满了每个人的精神，一点也不觉得疲劳。"

分析及纠正：

例句中的"饱满"是形容词，不能转成动词用做谓语。与其意思相近的动词是"振奋"。正确的用法是："在工地上，劳动大军夜以继日，连续奋战 30 多个小时。这种革命豪情，振奋了每个人的精神，一点也不觉得疲劳。"

举例 3：

"生物学家都十分注意植物细菌病害的重要性。"

分析及纠正：

例子中的"重要性"多指好的有益的事物，不能用于"植物细菌病害"，应该改为"严重性"。正确的用法是："生物学家都十分注意植物细菌病害的严重性。"

举例 4：

"粗制滥造，哄抬物价，这种竭泽而鱼的做法，最后必然会让自己受到惩罚。"

分析及纠正：

"鱼"为象形字，在甲骨文中便为游鱼的形状。"渔"为会意字，从水从鱼，即捕鱼的意思。鱼和渔的最大区别是，前者是名词，后者是动词。"竭泽而渔"是成语，意思是排尽湖泊或池塘中的水来捕鱼，比喻贪图眼前利益而缺乏长远眼光。此处的"渔"是一种行为。正确的用法是："粗制滥造，哄抬物价，这种竭泽而渔的做法，最后必然会让自己受到惩罚。"

举例5：

"据中国汽车行业统计，截止2007年底，中国汽车保有量超过5 300万辆。"

分析及纠正：

"截止"为动词。为"到××时间为止"的意思，其后面不再发生，有终止和结束的意思。"截止"为不及物动词，后面不能带宾语。另一个词"截至"也是动词，是可以带宾语的及物动词，其表示的时间是"到××为止"，但这个"止"不是终止、结束，是指告一段落，以后还可能发生。因为中国汽车保有量是一个变化的数值，因此例子中的"截止"应改为"截至"。正确用法是："据中国汽车行业统计，截至2007年底，中国汽车保有量超过5 300万辆"。

7.2.5 褒贬不当

举例1：

"申花队再次夺得冠军，队员们兴奋不已，弹冠相庆。"

分析及纠正：

"弹冠相庆"为一成语，古时比喻即将做官而互相庆贺。现代"弹冠相庆"这一成语由中性变为贬义，一般用来形容坏人当道，小人得志。本例中形容申花队夺冠，用此成语显然是不合适的。可以用"欢呼雀跃"。正确用法是："申花队再次夺得冠军，队员们兴奋不已，欢呼雀跃。"

举例2：

"他一心扑在工作上，极少考虑个人私事，也从不妄图出名发财。"

分析及纠正：

此例中"妄图"一词用在此处不当。"妄图"是一贬义词，有"狂妄地谋划"的意思。此句应改成褒义词或中性词。根据上下句关系，此处用"期望"代替"妄图"为好。正确用法是："他一心扑在工作上，极少考虑个人私事，也从不期望出名发财。"

举例3：

"您刚刚乔迁新居，家里摆设略显单调，建议您挂幅画，一定会使居室蓬荜生辉。"

分析及纠正：

举例中"蓬荜生辉"用法不当。"蓬荜生辉"一词意思是说别人的光临或别人的东西给自己带来光彩，使自己感到光荣。"蓬荜生辉"一词包含着自谦，只能自用，不能他用。他用则有贬低别人、抬高自己的意思。本例的正确用法是："您刚刚乔迁新居，家里摆设略显单调，建议您挂幅画，一定会给居室增光添彩。"

举例4：

"据报道，中央电视台文艺频道的改版计划将推迟出笼。"

分析及纠正：

本例中"出笼"一词使用不写。"出笼"一词为贬义词，比喻坏的作品发表或伪劣商品上市等。"出笼"一词用来形容中央电视台频道计划显然是不合适的。此例中"出笼"一词可删除。正确用法是："据报道，中央电视台文艺频道改版计划将推迟。"

举例5：

"这次敌人共来了两个突击队，经过激战，牺牲的有一大半，其余的丢盔弃甲，直往海里逃。"

分析及纠正：

本例中"牺牲"一词应用不当。"牺牲"一词为褒义词，用于描写为正义事业献出生命的战士。对敌人应该使用"被歼灭"一词。此例对敌人使用了"牺牲"一词文法上犯了褒贬不当的错误，在政治观点上也同样犯有错误。正确用法是："这次敌人共来了两个突击队，经过激战，被歼灭的有一大半，其余的丢盔弃甲，直往海里逃。"

8 图书语法、修辞、逻辑易出错误

8.1 语法（句子结构）易出错误

8.1.1 句子成分不全

举例1：

"在技术革新的实践中，使我进一步认识了学习文化科学知识的重要性。"

分析及纠正：

构成句子的主要部分是主语和谓语。附加在主语和谓语前后的词语是句子的连带成分，连带成分包括宾语、补语、定语、状语。

本例中存在的问题是由于介词"在"和"中"的使用，导致本句主语不清，句子成分不全。把"在"和"中"去掉，本句主语就清楚了。

本例的正确用法是："技术革新的实践，使我进一步认识了学习文化科学知识的重要性。"

举例2：

"这一问题引起了有关专家的注意，并开展了研究工作。"

分析及纠正：

本例句中后一部分缺主语，不清楚是谁开展研究工作。正确的用法："这一问题引起了有关专家的注意，他们开展了研究工作。"

举例3：

"河边的泥沙卵石，由于激流的冲击，近岸的河水变成了浑黄色。"

分析及纠正：

本例的问题是谓语缺失。谓语作为句子的主要成分，说明主语是什么事物，叙述发生了什么事情或现象，评议某事物应该怎么样、能怎么样、愿意怎么样等。本例主语"泥沙卵石"后边紧跟状语"由于激流的冲击"，把前句未出现的谓语丢掉就写了后一句，使前句谓语缺失。

正确的用法是："河边的泥沙卵石受到激流的冲击，近岸的河水变成了浑黄色。"

举例4：

"上面介绍的方法，用光学仪器来定量测定 α-淀粉酶的活性。"

分析及纠正：

本例中不适当地省去谓语动词"是"，造成了谓语的缺失。正确用法是："上面介绍的方法是用光学仪器来定量测定 α-淀粉酶的活性。"

举例5：

"我们应用林型学原理，采取林型线路调查与标准地调查相结合，对马尾松林群落和立地条件等进行了研究。"

分析及纠正：

本例是宾语缺失的例子。"采取"要求名词性宾语，在"相结合"后面应加上"的方法"，使之成为"采取林型线路调查与标准地调查相结合的方法"这种动宾结构，句子成分才能完全。

正确的用法是："我们应用林型学原理，采取林型线路调查与标准地调查相结合的方法，对马尾松林群落和立地条件等进行了研究。"

举例6：

"这个集团已成为拥有11个专业公司，2个研究所，3个生产厂，现有固定资产6.5亿元。"

本例是宾语缺失的例子。"成为"后面要求有名词性宾语。在"成为"后面应补上"上市公司"。句子才通顺。

本例正确用法是："这个集团已成为拥有11个专业公司，2个研究所，3个生产厂，现有固定资产6.5亿元的上市公司。"

8.1.2 句子成分搭配不当

举例1：

"该厂产品的数量和质量都高。"

分析及纠正：

本例的语法错误是主语和谓语搭配不当。联合词组"数量和质量"构成主语时与谓语"高"不能同时搭配。解决办法是给不搭配的词语单独配上合适的谓语。此例的正确用法是："该厂产品的数量大，质量高。"

举例2：

"七月的骄阳浸湿了小战士的衣衫，留下了白花花的汗碱。"

分析及纠正：

本例的语法错误是主语和谓语搭配得不当。"骄阳"和"浸湿"显然搭配不当。把"七月的骄阳"改成"汗水"，句子主谓搭配就合适了。为保持原句意义本例可改成："七月的骄阳似火晒得人们热汗淋淋，汗水浸湿了小战士的衣衫，留下了白花花的汗碱。"

举例3：

"食用菌是一种创汇农业，被国际上誉为'保健食品'。"

分析及纠正：

本例语法错误是主语同宾语搭配不当。主语"食用菌"与宾语"创汇农业"既不是同一关系，也不是从属关系。解决的方法是用适当词语使主语与宾语搭配合适。用"农产品"代替"农业"即可。本例正确用法是："食用菌是一种创汇农产品，在国际上被誉为'保健食品'。"

举例4：

"能不能得到准确的数据，是做好这个实验的关键。"

分析及纠正：

本例的语法错误是主语同宾语搭配不当。问题出在"能不能"和"做好"的搭配上。将"能不能"改为"能"，或者将"做好"改为"能否做好"，主语和宾语在范围上也就相适应了。

本例的正确用法是："能得到准确的数据，是做好这个实验的关键。"或者："能不能得到准确的数据，是能否做好这个实验的关键。"

举例5：

"他们临危不惧，见义勇为，避免了一起重大事故的发生，谱写了一曲生命的礼赞。"

分析及纠正：

本例语法错误是动宾搭配不当。问题是"谱写了"和"礼赞"不搭配。解决的办法是把宾语"礼赞"改成"赞歌"。本例正确用法是："他们临危不惧，见义勇为，避免了一起重大事故的发生，谱写了一曲生命的赞歌。"

举例6：

"这种催化剂可以促使许多化学反应。"

分析及纠正：

本例语法错误是动宾搭配不当。"化学反应"是伪宾语，真正的宾语没有写出来。解决的办法是补全宾语。"化学反应"改成"化学反应发生"。

本例的正确用法是："这种催化剂可以促使许多化学反应发生。"

8.1.3 句子语序颠倒

举例1：

"每个试验样本进行试验时应测取多个数据。"

分析及纠正：

本例语法错误是句子主语和谓语次序颠倒。正确用法是："试验时，对于每个试验样本应测取多个数据。"

举例2：

"黄河因含沙量极大，水的透明度为世界上最低的河流之一。"

分析及纠正：

本例的语法错误是句子主语和谓语次序颠倒。"水的透明度"不是主语，不应占据主语位置。

正确用法是："黄河因含沙量极大，为世界上水的透明度最低的河流之一。"

举例3：

"1956年，北京故宫博物院展出了2 900年前新出土的文物。"

分析及纠正：

本例语法错误出在表示时间的"2900年前"和"新出土的文物"的顺序上。既然这些文物在2900年前就挖出来了，怎么能说"新出土"呢？

正确的用法是："1956年，北京故宫博物院展出了新出土的2900年前的文物。"

举例4：

"消防队员每上一层楼腾空翻身一次，看得观众都有点眼花缭乱。"

分析及纠正：

本例的语法错误在于"看得"和"观众"位置不对。

正确的用法是："消防队员每上一层楼腾空翻身一次，观众都看得有点眼花缭乱。"

举例5：

"笔者设计了一种测力框架装置。"

本例的语法错误在于句词的顺序误用。给物件命名应先说型号，后说形式，最后给出用途径说明语和中心词。本例中"框架"是形式，"测力"是用途说明语，二者位置应对调。

正确用法是："笔者设计了一种框架测力装置。"

8.1.4　句子结构混乱

举例1：

某本书中有这样一段关于植物、空气和水分的叙述："同样的，植物中的水分也很快地被空气夺取而显得干枯。"

分析及纠正：

本例的语法错误在于句子结构混乱，两种不同的事混在一起说："被空气夺取"的是"水分"，"显得干枯"的是"植物"。

正确的用法是："同样的，植物因水分很快蒸发而显得干枯。"

举例2：

某本关于船舶工程技术人员的培训教材中有这样一段叙述："近年来将相似理论应用于船舶结构模型试验中，以达到预测实船应力的目的越来越引起人们的重视。"

分析及纠正：

本例语法错误是句子结构混乱。前一句说的是相似理论应用达到了一种目的，后一句是说这种应用引起人们的重视。交织在一起搞得混乱不清。

正确的用法是："近年来将相似理论应用于船舶结构模型试验中，以达到预测实船应力的目的，这越来越引起人们的重视。"

举例3:

某本论述农业生态的专著中有这样一段叙述:"河床上升的主要原因是由于上游的植被被破坏,水土流失,使泥沙在河床上沉积起来。"

分析及纠正:

本例语法错误在于使用两个用于不同目的判断事情发生原因的句子"原因"和"由于",造成了句子结构混乱。

正确的用法是:"河床上升的主要原因是上游的植被被破坏,水土流失,使泥沙在河床上沉积下来。"或者:"河床上升是由于上游的植被被破坏,水土流失,使泥沙在河床上沉积起来。"

举例4:

某部词书的编写说明中有这样一段论述:"这部词典是由中国社会科学院语言研究所三十多位研究人员参加编辑工作。"

分析及纠正:

本例的语法错误是"由研究人员编辑"和"研究人员参加编辑工作"两个意思混在一起,造成语法结构上的混乱。

正确用法是:"这部词典是由中国社会科学院语言研究所的三十多位研究人员编辑的。"或者是:"中国社会科学院语言研究所的三十多位研究人员参加了这部词典的编辑工作。"

8.2 修辞（句子表达）易出错误

8.2.1 句子表达含糊

举例1：

某本诗稿中，作者为了表达对党的赞颂，用了这样一段话："你是黑夜航行的灯塔。"

分析及纠正：

本例修辞错误在于把不该省略的词省略了，造成了句子表达含糊。"航行"后面应该有"者"，否则会让读者理解成灯塔会航行。

正确的表达："你是黑夜航行者的灯塔。"

举例2：

某本励志图书中为了鼓励年轻人奋发向上，用了这样一段叙述："一个人只要有决心，有恒心，肯下苦工夫学，任何困难都吓不倒我们。"

分析及纠正：

本例修辞错误在于前后说的意思应有两个主语，一个是"一个人"，一个是"我们"，合在一起，造成句子模糊。正确的用法是："一个人只要有决心，有恒心，肯下苦工夫学，就不会被困难吓倒。"

8.2.2 句子表达模棱两可

举例1：

某本科技类书稿中有这样一段话："从子夜以后到日出以前，温度降得最低。"

分析及纠正：

本例修辞表达错误是时间表述不合理，表述时间的开始应该有个明确的界线，可改为"从子夜到日出这段时间"。

本例的正确用法是："从子夜到日出这段时间，温度降得最低。"

举例2：

某篇报道性文章中有这样一段话："全厂工人干劲十足，生产情绪高涨，产量一般提高到20%~30%。"

分析及纠正：

本例修辞表达错误是作者误把"提高"和"提高到"含义搞混，造成句子表达意思模棱两可。"提高"不包括原来数量，"提高到"则包括原来的数量。解决的办法是去掉"到"或是把"20%~30%"改为"120%~130%"。本例正确的表达是："全厂工人干劲十足，生产情绪高涨，产量提高20%~30%。"或是："全厂工人干劲十足，生产情绪高涨，产量提高到120%~130%。"

8.2.3 句子表达词意重复

举例1：

某本农业科技普及图书中有这样一段论述："种植大豆，不宜种植太密，种植太密会使叶片相互遮蔽，影响生长。"

分析及纠正：

本例的修辞错误是词"种植"不必要的重复。三次出现"种植"，如后两个去掉后，句子就清晰了。

本例正确表述："种植大豆，不宜太密，太密会使叶片相互遮蔽，影响生长。"

举例2：

某本书稿中，为了论证某项工作所要达到的目标，在列举了多项内因和外因条件后，做了这样的论述："条件这样好，两年内达到这个指标，是完全可能实现的。"

分析及纠正：

本例的修辞错误是"达到"和"实现"意思重复。可以去掉"实现"或去掉"达到"。

本例正确表述为："条件这样好，两年内达到这个指标，是完全可能的。"或者："条件这样好，这个指标两年内实现是完全可能的。"

8.2.4 句子表达比喻不当

举例1：

"新中国冲破了激流暗礁，乘风破浪，沿着党指引的航向勇往直前。"

分析及纠正：

本例的修辞错误在于比喻不当。"冲破暗礁"违背客观规律，应该用"绕过暗礁"。

本例正确表达为："新中国绕过激流暗礁，乘风破浪，沿着党指引的航向勇往直前。"

举例2：

"鸭绿江，它将中朝两国人民的传统友谊的巩固犹如江水奔流不息。"

分析及纠正：

本例的修辞错误在于比喻不当。"江水奔流不息"可以表示时间的久远，但不能证明"巩固"的牢度。本例正确的表述为："鸭绿江，它是中朝两国人民的传统友谊的历史见证，犹如江水奔流不息。"

8.2.5 句子表达累赘

举例1：

"我们无论在什么时候，做什么工作，处处都应该遵守应该遵守的纪律。"

分析及纠正：

　　本例的修辞错误在于句子表达累赘，"应该遵守"重复使用，显得句子累赘，应该去掉一个"应该遵守"。

　　本例正确表达为："我们无论在什么时候，做什么工作，处处都应该遵守纪律。"

举例2：

　　"少年儿童们从这篇作品中不但可以了解鲁迅少年生活的片段，认识鲁迅的伟大人格，而且可以通过这篇作品，使少年儿童们自觉地树立起热爱祖国，热爱劳动，热爱人民，热爱生活的思想。"

分析及纠正：

　　本例的修辞错误在于重复累赘，后一分句和前一分句共用一个主语也是不妥的。

　　本例正确表述为："少年儿童们从这篇作品中可以了解鲁迅少年生活的片段，认识鲁迅的伟大人格，从而自觉地树立起热爱祖国，热爱劳动，热爱人民，热爱生活的思想。"

8.3　逻辑表达易出错误

8.3.1　句子表达互相矛盾

举例1：

　　"经过一段时间的学习,他们开始彻底掌握了这种切削技术。"

分析及纠正：

本例中句子逻辑错误出在"开始彻底"上，显然刚"开始"是难以"彻底"的，这两个词搭配是自相矛盾。

本例正确表述为："经过一段时间的学习，他们已经初步掌握了这种切削技术。"

举例2：

"阅读好的古典文学作品，对提高写作能力有一定帮助，只是古典文学作品用的古代语言，如果学习方法不当，也会使我们的写作受到影响，产生文白夹杂的现象。"

分析及纠正：

本例也是逻辑错误。句子中前一个"古典文学作品"指一切优秀的古典文学作品，包括古典的白话文作品，后一个只指用"古代语言"（文言）写作的作品。用同一词语表达不同的概念，造成逻辑混乱与矛盾。解决方法是在后一个"古典文学作品"前加上"有些"。

本例正确表述为："阅读好的古典文学作品，对提高写作能力有一定帮助；有些古典文学作品用的是古代语言，如果学习方法不当，也会使我们的写作受到影响，产生文白夹杂的现象。"

8.3.2 句子并列不当

举例1：

"中国、美国、日本、香港、巴西等健美组织。"

分析及纠正：

本例既是逻辑错误中的并列不当，也是政治类错误。问题出在香港的并列上。"香港"作为中国的一部分，与中国是从属关系，不是并列关系。由于本例讲的是健美组织，故"香港"改为"中国香港"即可。

本例正确表述为："中国、美国、日本、中国香港、巴西等健美组织。"

举例2：

"在经济建设中需要大量的科学家和各类人才。"

分析及纠正：

本例是逻辑错误的并列不当。"各项人才"与"科学家"是从属关系，不是并列关系。可以改成"各学科专家和其他各类人才"。

本例的正确表述为："在经济建设中需要大量的各学科专家和其他各项人才。"

8.3.3 句子表达顾此失彼

举例1：

"他们以为书的印制的好坏、装帧的美观、校对的正确等等，都是无足轻重的。"

分析及纠正：

本例存在的逻辑错误是顾此失彼。句子中"好坏"是表达正反、两方面的词,"美观""正确"是表达正确意思的词句,前后不能配合。解决方法是把"好坏"改成"精良",成为一面性的正面词语,前后搭配就合适了。

本例正确表述是:"他们以为书的印制的精良、装帧的美观、校对的正确等等,都是无足轻重的。"

举例2:

"一个人能否成才,要看以后学习的程度。这里一是要有信心,相信自己能成才;二是有没有毅力和决心,学习是一辈子的事情。"

分析及纠正:

本例的逻辑错误也是顾此失彼。句子中"有""有没有""能否"等表示一面性和两面性的词语混在一起,造成逻辑上的混乱。解决的办法是把一些相关词改成一面性,或改成两面性。

正确的表述为:"一个人能否成才,要看以后学习得怎样。一是要看有没有信心,相信不相信自己能成才;二是要看有没有毅力和决心,能否一辈子坚持下去。"(两面性)或者表述为:"一个人要能成才,必须认真学习。这里一是要有信心,相信自己能成才;二是要有毅力和决心,能一辈子坚持学下去。"(一面性)

8.3.4 句子逻辑判断失误

举例1:

"农村是一个广阔的天地,是实现农业现代化的战场,也是锻炼青年人的一个极好机会。"

分析及纠正：

本例的错误是逻辑判断有失误的地方，"农村是一个广阔的天地，是实现农业现代化的战场"，但不能（农村）也是锻炼青年人的一个极好机会"。解决办法是把第二个判断"（农村）也是锻炼青年人的一个极好机会"改成"（农村）也是锻炼青年人的场所"。

本例的正确表述为："农村是一个广阔的天地，是实现农业现代化的战场，也是锻炼青年人的场所。"

举例2：

"知识必须逐步积累，幻想'一蹴而就'是不可能的。"

分析及纠正：

本例也是逻辑判断错误。任何"幻想"都是可能的，不可能的是实现幻想。解决办法是去掉"幻想"。

本例的正确用法是："知识必须逐步积累，'一蹴而就'是不可能的。"

8.3.5　句子逻辑的双重否定

举例1：

"在河流上游筑了堤坝，就可以阻止洪水不会下泄。"

分析及纠正：

本例的逻辑错误是用了否定之否定。"阻止"是否定词，又加上"不会"则成了否定之否定,相当于没有否定。

本例的正确表述是:"在河流上游筑了堤坝,就可以阻止洪水下泄。"或者为:"在河流上游筑了堤坝,洪水就不会下泄。"

举例2:

"这样严重的质量事故,对于领导者来说,难道能推卸责任,不无一点教训吗?"

分析及纠正:

本例的逻辑错误也是出现了双重否定。"难道"表示反问,"不无"是双重否定,等于说从事故中得不到一点教训。这同本句的原意正好相反。解决办法是将"不无"改成"没有"或"得不到"。

本例的正确表述为:"这样严重的质量事故,对于领导者来说,难道能推卸责任,得不到一点教训吗?"

9 图书标点符号易出错误

9.1 点号易出错误

9.1.1 顿号、逗号、分号、句号易出错误

举例1：

"她们也有的用西瓜空壳，内点一盏小油灯，放进河里，随波逐浪，俗称'西瓜灯'，中元放灯，于南宋已经成俗。"

分析及纠正：

顿号用来标示句子里比较短的停顿，一般用在并列的词语之间；逗号标示句子里一般性停顿，用在说话需要换口气的地方，或者结构上需要停顿的地方；分号用来标示句子里比较大的停顿，用在结构上关联或者意义上并列的分句之间；句号用来标示陈述句完了之后的的停顿，句子不论长短，句号都用在全句末尾。

本例句的问题是对于完整的句子没有断句，一段文字，用逗号一逗到底。本例句应分成两句，"她们也有的用西瓜空壳……俗称'西瓜灯'为一句，说的是西瓜灯及其制作；"中元放灯，于南宋已经成俗"说的是放灯习俗的历史。本例点号的正确用法是："她们也有的用西瓜空壳，内点一盏小油灯，

放进河里，随波逐流，俗称'西瓜灯'。中元放灯，于南宋已经成俗。"

举例2：

"作家，固然须有文化方面的才情。毋庸讳言，有三分才情，就是三分才情。千万别装出五分的样子。装出来的那二分，塞到作品中，可能会蒙住中学生。但稍有修养的读者，会一眼便看出来的。"

分析及纠正：

本例中的问题是随便断句，句号多而失当造成语义割裂。

正确用法是："作家，固然须有文化方面的才情，毋庸讳言。有三分才情，就是三分才情，千万别装出有五分的样子。装出来的那二分，塞到作品中，可能会蒙住中学生，但稍有修养的读者，会一眼便看出来的。"

第一段说作家需有才情，第二段说才情不可假装，第三段说假装才情没有用，读者会看出来。经过这样三处修改，整段话语既通顺，又分明。

举例3：

"粪便自身含有酵母菌、乳酸菌等菌类。它们在无氧和有氧的环境中都能发酵。任其自然发酵就转化成植物生长所需的肥料，如用机器合理控制发酵即能转化成有一定营养价值的饲料。"

分析及纠正：

举例的问题是句组中句号用的太多，把句子割裂得太零散，效果不好。本例中第一句和第二句讲得是粪便含有酵母菌及其发酵环境，具有承接关系；第三句和第四句讲得是自然发酵和人工控制发酵产生两种不同的产物，两句间是并列关系。

正确的用法是："粪便自身含有酵母菌、乳酸菌等菌类，它们在无氧和有氧的环境中都能发酵。任其自然发酵就转化成植物生长所需的肥料；如用机器合理控制发酵即能转化成有一定营养价值的饲料。"

举例4：

"他们常常选择合适的地点、合适的时间、用适当的方式，向消费者直接传达商品信息。"

分析及纠正：

本例中两个顿号不当。根据顿号使用规则，顿号用于表达的是并列词语之间较小的停顿。而本例中几个并列成分是短语，因此用逗号比较合适。

正确的用法是："他们常常选择合适的地点，合适的时间，用适当的方式，向消费者直接传达商品信息。"

举例5：

"我们曾去过六、七个这样的购物中心。"

分析及纠止：

本例中顿号使用不当。"六、七个"表达的是约数，中间不用顿号。

正确的表述是："我们曾去过六七个这样的购物中心。"

举例6：

"请对本书的内容、出版、和发行等方面多提出意见。"

分析及纠正：

本例中"和"前面的并列词语不应使用顿号。当并列成分与"等"连用时，最后两个并列词语间不使用顿号，用"和"来连接。正确用法："请对本书的内容、出版和发行等方面多提出意见。"

举例7：

① "过A、B、C、D四点分别作两直线，使交于点E。"
② "给长度C的赋值为20、25、30、35cm。"

分析及纠正：

本例中并列西文字母和并列阿拉伯数字间不应该使用顿号。其原因是外文标点符号中表示并列词语停顿没有顿号，只有逗号，故此科技界也采用这一用法。本例正确用法是：① "过A，B，C，D四点分别作两直线，使交于点E。" ② "给长度C的赋值为20，25，30，35cm。"

举例8：

"随着人类社会的发展、物质和能量的消耗不断增大。能源危机、粮食危机和生态环境破坏威胁着人们的正常生活。因此，世界多国对生物量的转化极为重视，同时十分注意生物量的合理利用和开发。"

分析及纠正：

本例涉及标号中的顿号、逗号、分号和句号的使用，具有典型性。根据标号使用规则这 4 个标号的关系是：顿号＜逗号＜分号＜句号。

本例的正确用法是："随着人类社会的发展，物质和能量的消耗不断增大，能源危机、粮食危机和生态环境破坏威胁着人们的正常生活；因此，世界多国对生物量的转化极为重视，同时十分注意生物量的合理利用和开发。"

9.1.2 冒号易出错误

举例 1：

"沙漠里的温差很大，一日之间的温度竟差到：早穿棉袄午穿纱。"

分析及纠正：

冒号的作用主要用来提示下文，也表示句子里比较大的停顿。本例中的"差别"不能用做提示语，其后面也就不能用冒号。

正确的用法是："沙漠里的温差很大，一日之间的温度竟差到早穿皮袄午穿纱。"

举例 2：

"分析表明，土壤主导因子在两大立地类型区表现有差异"，淮北平原区的主导因子是土壤紧实度、地下水位、土层厚度等，江淮丘陵则是土壤紧实度、土层厚度、土壤温度或地下水位。"

分析及纠正：

本例中"在两大立地类型区表现有差异"，有提示之意，之后的逗号应改为冒号，"江淮丘陵"前边的逗号改为分号。

正确的用法是："分析表明，土壤主导因子在两大立大地类型区表现有差异：淮北平原区的主导因子是土壤紧实度、地下水位、土层厚度等；江淮丘陵则是土壤紧实度、土层厚度、土壤湿度或地下水位。"

9.1.3　问号易出错误

举例1：

"我不知道这条路走得通走不通？但我一定要坚定不移地走下去。"

分析及纠正：

问号是表示疑问语气的。一个句子如果没有疑问语气，即使句子里有疑问词或者疑问形式，也是不能用问号的。本例句是陈述句，"这条路走得通走不通"是疑问形式，但却是全句主要动词的宾语成分，并没有形成疑问语气。所以问号应改成逗号。

正确用法是："我不知道这条路走得通走不通，但我一定要坚定不移地走下去。"

举例2：

"什么时候转向？究竟转到什么程度？那就要看当时海洋

上高低气压中心分布怎样?高空的风向风速变化如何?"

分析及纠正:

例子中的"当时……气压中心……怎样……风向风速……如何"是看的宾语,它们都只是句子里的一个成分,尽管有"什么""究竟"等疑问词,但整个句子不是疑问句,因此本例中的前3个问号均应改为逗号,句末问号改成句号。正确用法是:"什么时候转向,究竟转到什么程度,那就要看当时海洋上高低气压中心分布怎样,高空的风向风速变化如何。"

9.1.4 叹号易出错误

举例1:

"祖国壮丽的大自然啊!就像一块巨大的磁石强烈地吸引着游子的心。"

分析及纠正:

叹号用在感叹句末了。辨别是不是感叹句,要看说话的语气带不带强烈的感情,不能只看句子里是否有表示感叹的词语。本例中"啊"是表示感叹的词,但不是一个完整句子的结尾,因而此处不能用叹号,此处应放逗号,叹号放到句尾。

正确用法是:"祖国壮丽的大自然啊,就像一块巨大的磁石强烈地吸引着游子的心!"

举例2:

"这首歌唱出了祖国的伟大!人民的幸福!前途的无限

光明！"

分析及纠正：

本例中的三个句子都是陈述语气，说的是这首歌唱出了什么样的感情，不是感叹句。因此前两句末用逗号，句尾用句号。正确的用法是："这首歌唱出了祖国的伟大，人民的幸福，前途的无限光明。"

9.2 标号易出错误

9.2.1 引号的误用

举例1：

"地层学的分支学科目前可大致划分为传统地层学和现代地层学。"

分析及纠正：

有关标点符号的国家标准规定："行文中'直接引用的词语'和'需要着重论述的对象'，用引号标示"；"具有特殊含义的词语，也用引号标示。""引号里面还需用引号时，外面一层用双引号，里面一层用单引号。"本例中传统地层学和现代地层学是着重论述的对象，故此应加引号。正确的用法是："地层学的分支学科目前可大致划分为'传统地层学'和'现代地层学'。"

举例2:

"实践证明:'我们的结论是正确的'。"

分析及纠正:

本例中"我们的结论是正确的"一句不是直接引用的话,而是作者要说明的意思,因而此处不能用引号。本例正确的用法是:"实践证明,我们的结论是正确的。"

9.2.2 括号的误用

举例1:

"他带我们参观了城市发展博物馆。(这里新建立的标志性建筑)。"

分析及纠正:

括号用于表明行文中注释性的文字。注释句子里某些词语的,括注紧贴在被注释词语之后;注释整个句子的,扩注放在句末标点之后。本例的注释是用来注释词语"城市发展博物馆"的,插注应紧贴在被注释词语之后。本例中正确的用法是:"他带我们参观了城市发展博物馆(这里新建立的标志性建筑)。"

举例2:

"若不是有限集合,则结论易证(证明步骤与下面的可数情形类似,从略)"

分析及纠正：

本例括号内的注释是用来注释整个句子的，按规定应放在句尾标点之后。正确的用法是："若不是有限集合，则结论易证。（证明步骤与下面的可数情形类似，从略）"

9.2.3 破折号和连接号的误用

举例1：

"一位朋友劝告我：现在市场上假冒商品太多。——甚至对友谊、爱情也要多加小心。"

分析及纠正：

破折号用来表明文中解释说明的语句和话题突然转变，用来表示声音的延长和事项的列举分承，用两字线来表示。连接号用来连接两个中文名词，构成一个意义单位，标准代号规定用一字线，科学名词的连接规定用半字线。本例中"甚至"表示的是递进，不是话题的转换，所以不能用破折号。

正确用法是："一位朋友劝告我，现在市场上假冒商品太多，甚至对友谊、爱情也要多加小心。"

举例2：

"狐茅——禾草——苔草群落"。

分析及纠正：

本例"狐茅""禾草"和"苔草"是三个不同的植物中文名称，三者构成一个意义单位"群落"。故此相互连接不能用表示转折的破折号，而应用表示连接的连接号。正确用法是："狐茅—禾草—苔草群落。"

9.2.4 省略号的误用

举例1：

"市场上摆满了各种瓜果：苹果、生梨、橘子、香蕉、葡萄、猕猴桃……。"

分析及纠正：

省略号标明中文省略部分，或表明说话断断续续。使用省略号时其前后不应和其他点号叠用，也不应与"等""等等"连用。本例中省略号后用了句号，不符合省略号使用规则，故应去掉。正确用法是："市场上摆满了各种瓜果：苹果、生梨、橘子、香蕉、葡萄、猕猴桃……"

举例2：

"在另一领域中，人却超越了自然力，如飞机、火箭、电视、计算机……等等。"

分析及纠正：

本例中的省略之后用了"等等"。省略号和"等等"连用是一种重复，两者取其一即可。正确用法是："在另一领域中，人却超越了自然力，如飞机、火箭、电视、计算机……"或用："在另一领域中，人却超越了自然力，如飞机、火箭、电视、计算机等等。"

9.2.5 间隔号的误用

举例 1:

"《人性法律社会》"

分析及纠正:

间隔号为中圆点,用来标示外国人和一些少数民族人名内各部分的分界以及书名、文章题名并列词语和专有名词中的月份和日期。本例中为一书名,三个词是并列的,相临之间应使用间隔号。正确用法是"《人性·法律·社会》"。

举例 2:

"弗拉基米尔.伊里奇.列宁"

分析及纠正:

本例是无产阶级革命领袖列宁的全称,"弗拉基米尔"是本名,"伊里奇"是父名,"列宁"是姓。译成中文后应用间隔号,不是其本国文字之间所用的下圆点。正确用法是"弗拉基米尔·伊里奇·列宁"。

9.2.6 书名号的误用

举例 1:

"今年春天在北京《全国书展》上出现了购书热。"

分析及纠正：

书名号是用来标示书名（包括篇名）、报纸名（包括栏目名）、期刊名（包括栏目名）以及其他文化精神产品（电影、戏剧、乐曲、舞蹈、摄影、绘画、雕塑、工艺品、邮票等）的题目。物质产品名、商品名、课程名、课题名、单位名、奖项名、活动名、称号名、证件名等不能使用书名号，可以用引号标示。

本例中"全国书展"属活动名，故不能用书名号，应该用引号标示。本例正确用法是："今年春天在北京'全国书展'上出现了'购书热'。"

举例2：

"联邦德国一家航空工业发展公司首次用中国《长征》二号运载系统进行空间研究获得成功。"

分析及纠正：

本例中"长征"二号是一物质产品名，用书名号标示是不对的。本例的正确用法是："联邦德国一家航空工业发展公司首次用中国'长征'二号运载系统进行空间研究获得成功。"

9.2.7 着重号和专名号的误用

举例1：

"实践是检验真理的唯一标准，这是马克思主义的一个基本观点。"

分析及纠正：

着重号用来标示文章里要求读者特别注意的字、词、句，在使用上要避免滥用。专名号用来标示人名、地名、朝代、种族名等专用名称，一般用在古籍和某些文史论著中。

本例中"实践是检验真理的唯一标准"不是人名、地名、朝代名，故不应用专名号。作者意在提示读者特别注意，故此句应用着重号标示。正确用法是："实践是检验真理的唯一标准，这是马克思主义的一个基本观点。"

举例2：

"维吾尔族女孩的辫子又多又长。"

分析及纠正：

本例中"维吾尔族女孩"用了专名号，根据规则种族名可以用专名号，但"女孩"不属于专名，不可连用。本例的正确用法是："维吾尔族女孩的辫子又多又长。"

9.3　标点符号使用应注意的几种情况

9.3.1　序号的标点

举例：

有些图书序号标点使用不当，如"第一""第二""一""二""1""2""（1）""（2）"一律用顿号。

分析及纠正：

按照规则"第一""第二"后面用逗号；"一""二"后面用顿号；"1""2"后面用下圆点；带括号的（1）（2）用做序号，后面不加顿号或逗号等标点。

9.3.2 不应放在行首的标点

举例：

有些图书在句号、问号、叹号、逗号、分号和冒号上使用不当，在行首出现了标点。

分析及纠正：

按照规则行文的行首不能出现的标点有句号、问号、叹号、逗号、分号和冒号。

9.3.3 前一半不能居行尾，后一半不能居行首的标点

举例：

一些图书在引号、括号、书名号的使用上位置放置不当，出现了引号、括号、书名号前一半居行尾，后一半居行首的情况。

分析及纠正：

按规则引号、括号、书名号成对使用的标点符号，应该遵守前一半不应居一行之尾，后一半不应居于一行之首的规则。

9.3.4 省略号不应独居下一行之首

举例:

有的图书中出现使用省略号的句子里其省略号位置没有文字,只有单独省略号的情况。

分析及纠正:

按规则省略号前面应该紧跟文字,不能单独起行。一旦文字出现上述情况一定要通过修改句子、加减文字后使省略号前面有文字,不独居下一行之首。

9.3.5 破折号和省略号不能断开使用

举例:

有些图书排版至行尾时,因位置不够出现了将破折号二字线变成行尾一字线,再转下一行首加一字线的情况;省略号出现上行尾三连点,下行首三连点的情况。

分析及纠正:

按规则破折号和省略号不能断开使用。因此当出现因排版位置不够的情况时,要增减文字,使破折号和省略号完整地出现在一行上。

9.3.6 中英文标点应注意的几点差异
举例1:

有的英译本的中文图书仍沿用英文版的标点符号,如句号英文用句点、顿号用空格或逗号、破折号用一字线、间隔号用空格、书名号用书名的斜体等。

分析及纠正：

按规则英文原著译成中文本的标点符号应遵照中文标点符号的习惯用法，故此英文与中文不同的标点符号应转成中文标点符号来表示。

举例 2：

科技类中文图书，涉及公式、算式较多，句号的使用上有的使用英文的句点，有的使用中文的句号。

分析及纠正：

按科技类中文图书的习惯用法，对一些涉及公式、算式较多的图书，如高等数学可以使用英文的句点，但要求全书统一。

举例 3：

在一些英文原著译成中文版后，句子中的省略号使用了三连点。

分析及纠正：

三连点是英文省略号，译成中文后应遵守中文标点符号的习惯。故此省略号应使用六连点。但在数学类图书中省略号可以沿用英文标点习惯，用三连点表示省略。

10 图书结构形式易出错误

10.1 篇章结构易出错误

10.1.1 篇、章、节字数过多

举例：

某些科研专著中，章节设置不当，30多万字的图书，只设了四五章，每章字数达到六七万字，节题列得也很少，使全书看起来条理性差，不便于阅读。

分析及纠正：

一本好的图书结构上应是层次分明，衔接自然，详细适宜，具有良好的系统性。篇、章、节、条、款不同层次结构单位逐级分类，所述内容清晰明了。一般而言，内容较多的图书设篇，适用于四五十万字，甚至更多内容的图书。30万字以内的图书直接设章以下层次即可。章的字一般控制在1万字左右，节控制在千字左右为宜，所谓"千言成节，万言成章"即是如此。节以下分条（小节）、款（段），每个层次控制在五六个为宜。过长不便于阅读，每个层次的字数也应相对均衡。

10.1.2 章节设置不合理

举例：

某些图书，特别是典型的科学技术类图书中，有的章字数过多，达四五万字，设近 20 个节；而有的章字数又过少，只有五六千字，却设了五六个节。全书综合看起来，显得很不美观，也很不协调。

分析及纠正：

图书出版的目的是把图书的内容通过文字形式传达给读者。一本图书的出版既是对作者所要阐述知识成果的传播，也有如何完整清晰表达传播的任务。因此一本好的图书应该是内容和形式的完美结合。一本结构设置合理、脉络分明、照应周密、层次分明的图书，便于读者阅读，会给人以美的享受。由于一些科技图书作者，对图书的结构设置注意不够，单从学科研究的内容出发来阐述其科研成果，有时写成图书后在结构上就缺乏结构设置的系统性。因而会出现章节设置不当，字数不均衡，甚至一本书中字数多的章节数倍于字数少的章节，显得很不协调。解决此类问题的办法是编辑应帮助作者按内容系统地加以考虑，合理地进行调整，把过多的章节拆分开，多设几个章节，把那些内容少又列出过多章节的部分，适当地合并一下，从而使一本图书内容和形式结构设置合理、协调，达到完美的内容和结构的有机统一。

10.2 标题易出错误

10.2.1 标题字数过多

举例:

某些图书标题字数过多,有的超过 20 字,甚至达 30 多字,造成标题过长,不便于读者阅读和记忆。

分析及纠正:

标题是揭示图书章节内容、结构的简明字句,其特点应该是层次分明,美观醒目。标题用于展现其所代表内容的中心论点,使读者通过标题阅读后能了解该书的主题思想、主要观点和主要结论。标题是对所述内容的高度概括,应避免使用含义笼统及一般化的词语。就标题的内容结构而言,通常可以用一个简短的句子来表达的,也可以设主标题和副标题来表达。但这种表达形式只限在一级标题使用,而二级以下多级标题则是单一的主题。中文标题一般用 20 字以内的为宜,外文标题名应和中文含义相一致,一般以不超过 10 个实词为宜。

10.2.2 标题与内容不贴切

举例:

一些图书的标题与所述内容不贴切,不能准确反映所述内容。如某本科技图书,有一章叙述"工业废水处理的方法",

作者所用标题为"研究新的废水处理方法"。

分析及纠正：

图书标题是对所述内容的高度概括。图书标题的形成有两种途径，一种是根据已有的科研成果，总结提炼出主题作为图书的标题；另一种是事先构思好一本图书的篇章结构，拟好写作大纲，列出目录，确定几级标题，然后根据标题来进行写作。虽然标题确定途径不一样，但其所要反映的内容和宗旨是一致的。因此要求标题和内容一定要贴切、统一，让读者通过阅读标题即可迅速了解图书所要反映的主要内容，使标题起到便于读者阅读，便于迅速了解图书所要表达内容中心思想的目的。上述例子中，叙述"工业废水处理方法"，标题用"研究新的废水处理方法"不贴切，改用"新的废水处理方法研究"即可。

10.2.3 标题设置过细

举例：

一些图书作者不了解图书标题设置的原则，生怕标题设置少了反映不了自己的学术观点，因而在所著图书中设置标题过细过多，个别30万字以内图书三、四级标题设置超过10个以上。

分析及纠正：

图书标题一般设部（卷）、篇（册）、章、节、条（小节）、款（段）6个层次。一般情况下，50万字以上的图书可设部（卷）等 6 个层次；30 万~50 万字的书可设篇（册）、章、节、条（小节）、款（段）5 个层次即可；对于内容简单的图书也可只设章、节两个层次。

一些图书的作者缺乏对于图书标题体例规范的了解，担心自己所著图书内容不被读者所了解，设置过多过细的标题，是不可取的；图书三级、四级标题设置过多过细也会显得凌乱，使读者阅读起来不方便，不容易记住中心思想。

正确的用法是掌握标题设置的基本规则，科学、合理地设置图书各级各层次标题，使标题真正起到反映所述内容中心论点，方便读者了解阅读相关内容的作用。

10.2.4 同一层次标题语言结构不协调

举例：

在一些图书中，没有注意标题语言结构的协调性，在同一级标题设置上不注意语句风格，同一层次的标题词语结构相差很远，意义上也缺乏相关性。

分析及纠正：

图书每章结构的设置是根据所述内容进行整篇布局，或是根据写作大纲列出标题来进行写作，或是根据已有科研成果进行整理提炼出标题。不论采用哪种方式，全书的篇、章、节等各级标题的设置都应该具有系统性，应该是一个有机的整体。同一层次标题的设置应该是并列、协调和相互支撑的，都隶属和服务于共同的上一级标题所要论述的中心内容。同层标题设置的好坏，影响到本层次和上一层次所要表达的内容。因此，在设计和编辑加工图书时，特别要注意这一点，精心设计，认真润色，保证同层次标题的语言结构的协调和风格的一致性。

10.2.5　相近标题词语重复

举例：

在一些图书，特别是有些科技类图书中，相邻两级标题甚至三级标题中标题字面上重复较多，甚至完全重复。

分析及纠正：

在图书中，对某一特定内容进行论述，一级一级深入探讨是常有的事，但在设计标题时，应避免出现重复的现象。标题设置的原则应是上一级标题是下一级同层若干标题的概括；同层次若干标题是对上一次层标题的展开叙述。上级标题和下级标题密不可分，但不是重复。如果真的无法区分，那么一级标题就需要重新设置。标题设置的这种系统和逻辑关系是作者和编辑们要认真掌握的。一本好书，除了内容的新颖别致外，标题合理的提炼设置也是非常重要的，其作用和内容是相互配合、相得益彰的。

10.2.6　图书书名易出错误

举例：

有的图书书名与正文不够贴切，没有起到突出主题、对全书内容高度概括的作用。某本科技图书，讲述"农林沼气开发和利用"书名为《农林新能源开发与利用》。

分析及纠正:

图书书名是标题的一种特殊表现形式,对书名的要求和对标题的要求是一样的,概括过高,过于抽象不贴切;概括不到位,也无法突出主题。正确的做法是恰如其分、贴切地概括主题,多一字不妥,少一字不行。

这里有一个列宁三易书名的故事。列宁早期写了一部名为《大工业的国内市场的形成过程》的书,他的家人在安排出版时建议改为《俄国资本主义的发展》。列宁以为这个书名"太大胆,太广泛,口气太大",经过仔细斟酌,最后确定书名为《俄国资本主义的发展——大工业的国内市场形成过程》。

从这个故事中可见图书书名的作用是如何的重要。上述例子中,讲述农村沼气开发与利用的内容,用书名《农村新能源开发与利用》不贴切,改用《农村沼气开发与利用》就贴切准确了。

10.3 插图易出错误

10.3.1 插图位置与正文所述内容不对应

举例:

一些采用插图作为表达图书内容的图书,未能正确地把插图与正文有机融合,插图所排位置与正文所述相关内容不对应。有的正文漏写"见图××";有的先排插图,相关叙述"见图××"排在叙述文字之后;甚至还有在相关叙述之后一二页才能见到图的现象。

分析及纠正：

插图在图书中被广泛应用，是为了形象、直观地表达图书的内容，可以使图书某些内容的表达更简洁、准确和清晰，如电路图、生物形态、结构等。插图被人们誉为图书的"形象语言"，插图具有图和书的双重性质，因此要求其具有内容和形式的完美统一。插图所表现的内容是和图书相关内容相融合的，是对图书相关内容精辟、简洁、准确的表达。因此其在图书中的位置必须与正文相呼应。一般要求正文中相关内容出现后，即应该出现相应的插图，因版面等原因排放不下，最迟也得在相关内容出现的下一页出现插图。在内容未出现之前出现插图是不对的。但有些图书采取插图集中排印或放在正文前，或放在正文之后，在正文中注"见图版××"，是插图版式的另外一种表现形式。

10.3.2 插图所述内容与正文和相关内容不一致

举例：

某些图书在设置插图时，没有很好地掌握插图在图书中的作用，所用插图未做选择，有的用文字能说清楚，却又采用了插图，显得图书内容庞杂；有的图书借用别人的插图来表现自己所述的内容；甚至有的插图中的标注还用外文来表述；还有的插图中表现的内容与正文相关内容不贴切。这不但未给图书添光增彩，反而给读者造成了阅读困难。

分析及纠正：

插图必须与正文内容相一致，这是设置插图的原则。插图的形象、直观更适合表达书中用文字难以表达清楚的内容，所采用的图片、线条、符号、图形及简洁的说明性文字都是和正文相呼应的，应该具有较强的写实性、规范性。

一些图书作者不注意掌握插图的使用规范，在插图的照片、图形、符号、线条，甚至在辅助性文字上不注意规范，粗制滥造，图不达意，与正文所述内容不一致。这种状况会大大降低图书的质量。如一本讲述发动机的图书，采用图的形式表达发动机转速与功率和扭矩的关系，如果相关单位符号，或数值、曲线与正文表述不一致，那人们就很难相信这本书所表达内容的的科学性和权威性了。

一本图书中插图的作用是不容忽视的，作者和编辑都应掌握插图设置的基本原则，恰如其分地用好插图。

10.3.3 插图题号，全书不一致

举例：

一些图书的作者不注意插图图题的序号，插图图题的设置，有的插图不编序号，有的编号不规范，还有的插图随便编个图题，甚至一本书中的插图有的有标题，有的只有图的序号。

分析及纠正：

插图在一本图书中的作用很重要，尤其在科技类和艺术类图书中更显得不可或缺。有人统计过，科技图书中平均每千字就有一幅插图相配。因此掌握插图编排的知识，合理地在图书中配置插图，是一个合格作者和合格编辑的基本功。将插图合理排序编号，与相应的内容有机地配合在一起，将对图书内容

起到强化的作用。合理的编号，方便读者阅读和理解正文，设置准确的图题更会使一本图书锦上添花。

科技类图书插图序号的排列一般以章为一个单位，随章而编，如"图1.1……"，也有全书统一编号的，这适用于图不多，只有几十幅图的图书。一般也应该设置图题，便于读者阅读。

10.3.4 插图版式设计不合理

举例：

在一些科技类图书中函数坐标图设计不规范，如图形过大或过小，图中所标注的量单位或数值字号未采用小5号或6号字，图形符号未采用新标准、新规范来画出相关的插图，图形内和图下注的名称、符号、注释文字安排不合理，实验曲线设计不合理等。

分析及纠正：

插图的版式设计体现了图书的艺术性，是图书出版工作中很重要的一个环节，编辑有责任帮助作者设计调整好插图的版式设计。对于照片等实物形插图，要注意与正文合理搭配，在版式上体现图文并茂。对于科技类图书的各种图形而言，首先要规划好图形的大小，过大的图形适度缩小，过小的图形适度放大；图中名称、符号、注释性文字要设置适当，既能完美与正文配合，又体现插图清晰、简洁的风格；对于各类图形的画法，一定要按相关标准来完成和核对；对于图中标注所采用的量、单位符号或数值要符合国家标准，并且字体、字号要规范。只有做到上述几点，才能使插图的版式设计合理，才能使一本图书的插图与文字完美结合，收到图文并茂的效果。

10.4 表格易出错误

10.4.1 表格位置与正文相关内容不对应

举例:

在表格使用上未能遵守先正文后表格的原则,不是在行文中先出现"如表×所示",或者"……见表×"的表示方法,然后再排出相关的表格。有时表格出现之后,才出现正文。还有易出现歧义的不正确表述,如"见左表""如下表"的表示方法。

分析及纠正:

表格是实验数据或统计结果的一种有效表达形式,其特点是反映内容直观、精确。图书中多见的表格有数据表、文字表和流程表等。表格的正确使用对图书非常重要,对于涉及统计或实际结果的叙述说明至关重要。在安排表格位置时要特别注意的是正文和表格位置的有机搭配。表格是对内容详细准确的表述,是对正文的有力补充,其表示方法一定要编好序号和表题,其位置一定要在正文中相关内容出现后,加注"如表×所示"或"……见表×"后出现。

10.4.2 表格项目设计不合理

举例:

一些图书的作者不了解表格设计的规范和原则。有的表序表题未居中排在表格的正上方；有的表格栏目项目设计不规范，存在栏目名称不合理；有的未按国家标准表达"量名称或量符号/单位（等号数值）"的形式，仍采用传统的表示法，如"长度（m）"这样的表述；有的表格不规范，表格中出现重复使用的单位；还有的表格转页时前表未封口，后表未排"续表"字样；还有的漏排项目头。

分析及纠正：

表格作为一类图书的有机组成部分，其作用有时是文字无法代替的，科研数据、统计分类，都离不开表格。在处理表格与正文设计时，应严格遵守国家标准和规范，项目取名合理，在结构形式上按规范设计，排列整齐，数据清楚、准确。从表序、表题到栏目设计，从量和单位及数值使用再到转页排序完整准确，与正文呼应对称，使图书中表与正文配合，准确协调。

10.4.3 表格中相关项目不封闭

举例：

有的图书所用实验数据或统计数据，一般采用百分比来做计算和比较。但有些作者在表格设计上做得不规范，相关数值百分比统计有的大于百分之百，有的不足百分之百。如某本植物学方面的专著中有一个统计某种植物生物量的表格，分别对干、径、叶、根分别称重，并分别按各项占植物百分比分别做了统计。编辑加工中抽查几项的百分比总和，却出现了大于100的情况。经与作者核对，找出了个别项目计算存在的问题，保证了数据统计的准确性。

分析及纠正:

表格中用于统计的数据是为了更好地表达图书内容，其作用就是统计数值的直观和准确性。一旦数据统计中出现误差，就会使读者对图书所表述的内容产生怀疑，甚至会怀疑作者的学术水平和图书所表达内容的准确性。正确的做法是编辑在加工图书时，对表格中的统计项做一些必要的计算性检查，出现误差后立即与作者商量，找出问题，使图书表格达到准确性和规范性的统一。

10.4.4　表题全书不一致

举例:

有的图书作者不注意表格序号的编排和表题的设计。有的表格不编序号；有的编号不规范，如有的用"表一"这样的汉字数字版编号；还有的图书这章编了表题，而另外一章则没有编表题。

分析及纠正:

表格对准确说明统计数值、实验数据至关重要，在图书中的作用是不可替代的。设计合理、规范的表格对全书内容起着重要的作用。合理设计表格形式，完整表达相关内容，合理地编排序号，设计好表题，正确地表达量和单位及相关数值，无疑是一本图书的闪光点。

在图书表格的应用上，一般以章为单位，表序、表题放在表格上方居中设置，各项目栏的设置以三线表格式居多。

10.5 公式易出错误

10.5.1 公式中项目与正文不对应

举例：

有一本汽车驾驶员技能培训教材，在讲述汽车轮胎变形性的滚动阻力时有这样一段论述："轮胎变形，汽车行驶时，轮胎在径向、切向及侧向都会产生变形，并处于变形、恢复的循环中，因此有一部分能量要消耗在轮胎各组成部分相互间的摩擦上，滚动阻力可用下式计算：$F_f = Gf$。"

分析及纠正：

从例子中可以看出此段文字是要说明轮胎变形时产生滚动阻力的各个因素及其计算方法。但是文中叙述说轮胎产生的滚动阻力是轮胎径向、切向及侧向克服摩擦阻力产生变形过程中产生的，给出了计算公式 $F_f = Gf$。这里既没有对这几种力加以分析，并在公式中予以表达，又未对公式中量的符号所代表的意义加以解释，使读者看后很难弄懂轮胎变形的滚动阻力到底是怎么一回事。

在一些科技类图书中，作者有时在叙述某段原理应用公式时，往往忽略了系统性，所运用的公式和相关内容叙述得支离破碎，使读者阅读后无法理解作者的写作意图，这种情况是应该特别引起注意的。

10.5.2 公式中的量和单位表述不规范

10.5.2.1 公式中量的正斜体不分

举例:

某本政治经济学教科书中在叙述商业利润时写到:"商业资本的职能是通过买卖行为,将商品资本转变为货币资本。商业资本的运动公式是:G(货币)—W(商品)—G。G = G + ΔG,这个 ΔG 就是商业资本从产业资本那里瓜分到的一部分剩余价值,就是商业利润。"

分析及纠正:

这段叙述中用公式"G = G + ΔG"表明商业资本通过买卖的商业行为,保证了商业利润。这用公式来表达无疑是直观和准确的。但这个公式中量的符号都应用了正体。按照量的表达规定,"表示变量的符号应用斜体"。此文公式中量的表达形式是错误的。正确的用法是,此书所用公式量的符号一律采用斜体,即"$G = G + \Delta G$"。

10.5.2.2 公式中单位符号错用斜体

举例:

一些作者只记住了公式中量的符号要用斜体,因而对公式中出现的所有量和单位符号一律采用斜体。

分析及纠正：

根据我国量和单位符号使用的规定，变量采用斜体；常量符号采用正体，如"π"；而单位符号则要求一律采用正体。因而在对公式量和单位符号的正斜体使用上，只要掌握了这样的基本规则，就不会出现正斜体误用的现象了。

10.5.3 公式中量的说明项不全

举例：

一些图书的作者对书中出现的公式项目未能从便于阅读角度来考虑，有时忽略对公式中出现的多个量的说明性解释，给阅读者带来困难。如某本汽车类图书中叙述汽车加速阻力时有这样一段表述："汽车行驶过程中，其质量速度发生变化时，会引起惯性作用。汽车加速时，惯性力作用方向始终与汽车运动方向相反，称加速阻力。汽车减速行驶时，惯性力与汽车运动方向相同，用公式表示为 $F_j = \dfrac{\delta G}{\delta} a$，式中 δ——旋转质量换算系数。"

分析及纠正：

此段叙述和公式用来说明加减速阻力。可是在公式的说明项中只列出了一项，其他四项均未作说明，给阅读者带来了困难，不知道其他几项究竟代表何种意义。

正确的用法是，对于公式中所提出的量均应作出相应的说明解释，如是已出现过的量，也应注明其含义在前文已说明的字样。

10.5.4 公式量纲不规范

举例:

某本森林防火教材有这样一段叙述:"对起火距离的估测,有一些方法,如我国伊春地区根据多年经验,提出估测起火距离的计算公式:$D = 50 \times$ 最大风速(m/s)。"

分析及纠正:

公式是科技类图书的重要组成部分。在自然科学中用数字符号表示几个量之间的关系,用以概括和表述同类关系的所有问题,其量和量之间经过运算,相应的单位也应在运算之后与量相对应,其量纲应符合相关规定。

上述例子中起火距离 D 的单位是米(m),计算公式最后得出的单位应是米(m),可是上述公式计算出的结果却不是距离单位 m,而是速度单位 m/s。可见此公式量纲出现了问题,也就意味着此公式设计时在科学性的表达上出现了问题。

正确的表述应把时间(s)考虑进去,数值50作为经验系数和时间(s)一并考虑后,此公式就比较完整了。

10.6 字体、字号易出错误

10.6.1 标题字号设计不合理

举例:

一些图书标题字号设计不合理,随意性很强。标题版面设计不合理，相邻标题由于字号字体应用不当，给人以同级标题的感觉，显得主次不分。

分析及纠正：

  随着现代科技的发展，中文字体字号也随之变得更加丰富。在宋体、黑体、楷体、仿宋体的基础上又演变出很多的艺术字体，如姚体、牟体、魏碑体等。字体字号的丰富无疑为图书的艺术性增添了光彩，但使用不当则会适得其反。

  正确的标题设计应遵循的原则是："从大到小，从重到轻。"一般的原则是，第一级标题用较大号的字或用黑体字，第二级标题相对第一级标题来说要用小一些的字号或用轻体字（楷体或仿宋体）。以此类推，只有这样才能使标题显得主次分明，美观醒目。

10.6.2　图、表、字号设计不合规范

举例：

  一些图书图表字号设计不合规范，出现了字号过大或过小，或一本书中有的字号大，有的字号小的问题。

分析及纠正：

  有的作者对图书图表中所用字号知识缺乏足够的了解，认为只要内容正确，用什么字号表达都无所谓。实际上一本图书字号的应用是图书艺术性的一种体现，字号应用合理、规范，会给读者一种非常良好的直观印象；反之则影响读者对图书的印象。

  图表字号的一般应用原则是：图题放在图的下方，应用比

正文字号小半号的字号，正文用5号宋体，图题就用小5号宋体，图中说明性文字用6号宋体。表题放在表的上方，应用比正文字号小半号的黑体字号，正文用5号宋体，表题就用小5号黑体，表中所用说明性文字和数字用6号宋体。

10.6.3 辅文字号设计不美观

举例：

在一些图书中由于技术编辑工作不到位，使一些图书的目录、前言、后记、参考文献、附录等字体字号设计不美观，有的显得过于呆板，有的显得过于花哨。

分析及纠正：

丰富多姿的中文字体字号无疑为图书的版面设计提供了丰富多彩的工具。如果应用得当，设计合理，则会给图书增光添彩。对图书辅文字号字体的设计虽然无固定模式，但还是有一定准则的，如与正文和主标题相呼应，不应突出于正文标题的原则都是应该遵守的。辅文字体字号的设计还应视图书内容来决定，艺术类、儿童类图书可活泼一些，而科技类专著则应体现庄重和严肃性。

10.7 书眉易出错误

10.7.1 书眉设置上书名与章名位置错误

举例：

一些图书的作者和编辑不注重书眉的规范性，以至于出现书眉章名与书名所应设置位置不对的情况，典型的例子是把本应放在双页号的书名错放到了单页号，把本应放在单页号的章名错放到了双页号。

分析及纠正：

图书加书眉不是对所有图书的要求。在一些比较重要和字数较多的或艺术性较强的图书中，往往会采用书眉。书眉的采用方便读者阅读和查阅。双页号放书名，单页号放章名也完全是为方便阅读而做的规定。

一本图书如果设计了书眉，就一定要遵循书眉设置的基本原则，编辑和作者一定要认真对待，以保证书眉设计的规范性，使书眉起到美化图书、方便读者阅读的作用。

10.7.2　书眉设置不规范

举例：

有的图书过于强调书眉的美观性，把篇章节均列入了书眉；也有的把节题分割分别放到了天头和切口位置，使全书书眉看起来显得凌乱。

分析及纠正：

书眉是利用图书版心外的空间，用小字排在天头、地脚或切口处，适当运用几何形体配合文字设计，包括页码、文字和书眉线，便于读者阅读检索，也给图书版面设计增添了美观的要素。书眉在综合类、辞书类、文艺类图书中应用最多。书眉设计不是一成不变的，但基本要素的设置是要遵循一定规则的。书眉与全书版式设计应协调，放在天头、地脚或切口处都是可以的，但是不能忽视全书的统一，全书的书眉都应统一为一种选定的书眉排列格式。如果是系列图书，也要做到整个系列相统一，单本书设计美观、大方，但与全系列不一致，也是不可取的。

10.7.3　书眉文字与相关文字不一致

举例：

常出现的错误有二种：一种是书眉的中文书名、章名与正文出现了不一致情况；另一种是一些图书为便于国际交流而设计了英文书名、章名，在书眉中也采用了中英文对照形式，常出现的错误是英文书眉与正文不一致。

分析及纠正：

书眉存在中英文与正文不一致情况，有的属于编辑过程中正文书名、章名有改动，而书眉未及时改动有的是排版过程中出现的错误未得到及时改正所造成的。为保证书眉文字与正文，要求编辑在图书出版过程中认真核对书眉与正文，在复印前还应认真核对一遍，只有这样才能保证书眉与正文的一致性。

11 图书辅文易出错误

11.1 封面、扉页、版权页易出错误

11.1.1 封面、扉页作者名不一致

举例1：

某本《实用电动力学》，作者署名项，封面：H. A. 普拉诺夫　主编，扉页：主编　普拉诺夫。

分析及纠正：

封扉页作者项是图书的重要信息项，按照图书构成要素相关规范和图书质量管理规定要求，封扉页相同项要求一致。

本例中存在的错误，一是封扉页作者名没有做到一致；二是封面"主编"在作者名后，而扉页主编又列在作者名之前。正确的用法是：封面，H. A. 普拉诺夫　主编，扉页也应和此一致；或采用封面，主编 H. A. 普拉诺夫，扉页同封面一致。

举例2：

在一些图书作者责任项的封扉版权页上还出现了称谓不一致问题。如有的图书封面上用某某编著，而扉页上又是某某主编。

分析及纠正：

造成这种情况的重要原因是作者对主编、编著的含义不清

楚，既想使自己的作品具有专著性质，又想提高自己在作品中的责任地位。

一般来说，专著类作品一般用编著、著来标明作者责任项。论文集、教材、系列性读物等多作者的作品，作者责任项分成主编、副主编等。现在有的出版物，只有一个作者，也写成主编，显然这是错误的。

正确的用法是：少于三人的图书，不必设主编，只需根据图书的个人著述工作量多少，按序排名并标明编、编著、著即可。超过3人以上的作品，可按分工标明主编、副主编。主编人数一般为一人；副主编可设多人，但也不宜过多。

11.1.2 封面、扉页书名不一致

举例：

某套经典名著解读图书，中国古代民俗（三）的封面为：中国古代民俗（叁），扉页为：中国古代民俗（三）。

分析及纠正：

叁和三都是汉字数值二加一所得，叁是三的大写形式。按照图书质量管理规范的要求，封扉页相同项用法应一致。在此书中或用"中国古代民俗（三）"，或用"中国古代民俗（叁）"，只要统一就可以。但还要注意全套图书用法的一致性，如用大写全套都用大写，用小写全套都用小写。

11.1.3 封面、扉页书名汉语拼音不一致

举例：

某图书封面书名拼音：shoucang yujian shang，扉页和版权

页书名拼音:Dong Bei shu dian shu kan shoucang yu jian shang。

分析及纠正:

很明显,书名的汉语拼音封、扉、版权页用法不一致。另一个问题是汉语拼音用法不规范。按照国家标准 GB3259—92《中文书刊名称汉语拼音拼写法》规定,基本上以词为书写单位,每个词第一个字母要大写,因设计需要也可全用大写,紧密结合的双音节和三音节结构(不论词或词组)连写。

正确的用法是:Dongbei Shudian Shukan Shoucang yu Jianshang。

11.1.4 封面、扉页作者相同项缺失

举例:

某本专著中,作者名一项扉页中用了汉语拼音,但封面中却没有汉语拼音作者名。

分析及纠正:

国标 GB3259—92《中文书刊名称汉语拼音拼写法》规定,中文书刊书名要用汉语拼音书刊名,对其他项没有规定。书的封扉作者名一项可以不写汉语拼音。但本书对作者名用了汉语拼音后却没有遵从封扉版权相同项一致的原则,也犯了封扉版权相同项不一致的错误。

正确的用法是封扉版权页作者项或去掉汉语拼音,或作者名项都加汉语拼音。

11.1.5 封面、扉页相同项所用英文有错误

举例1：

某本介绍中国印章的图书中，为方便国际交流在封扉页、目录重要项目上标注了英文。在封扉页，作者责任项的英文称谓上出现了错误。封面用 chief eolitor，扉页用 chief edlitor。

分析及纠正：

近年来随着国际文化交流的扩大，一些具有中国特色的图书越来越受到国外读者的青睐，在一些介绍中国文化的图书上加注必要的英文注释成为一项重要的工作。这为国外读者了解中国文化提供了很好的窗口。但从目前现状看，国内出版单位在外文方面功底较深的编辑很少，以至于在编辑加工过程中对外文无法把关，出现很多错误，这是值得出版单位重视的问题。

本例中英文是主编的英译，但遗憾的是英文翻译出了错误。正确的用法是：chief editor。

举例2：

某本市场营销学，封面和扉页上加注了英文书名，封面加注的英文书名为：Modern Economics and Management series，而扉页所注英文书名为：Modern applied Economics and Management series。

分析及纠正：

将英文译成汉语得知，封面所注英文书名译成中文是这本书的系列丛书名：现代经济和管理系列丛书，扉页英文书名译成中

文为：现代应用经济和管理系列丛书。显然两者是有差别的。

在图书编辑过程中，对出现的这类问题，必须要与此系列图书相核对，同时也要与作者相沟通。如果单从字面上来区别，很难判断封扉页哪个英文系列书名是正确的。但是从两个英文名的不一致上，编辑就有权提出问题和解决问题，从而达到英文系列书名的一致。

11.1.6 封面、扉页、版权页缺汉语拼音书名

举例：

在一些出版单位出版的图书中，封、扉、版权页上没有汉语拼音的书名项。

分析及纠正：

按照国家标准 GB3259—92《中文书刊名称汉语拼音拼写法》规定，国内出版的中文书刊应按照标准"在封面，或扉页，或封底，或版权页上加注汉语拼音书名、刊名"。国家标准要求，中文书刊要加注汉语拼音书刊名，目的是加强我国书刊工作的管理，便于国内和国际的文献交流。国家标准 GB3259—92 规定的是在中文书刊中封、扉、版权页只要有一处以上加注汉语拼音书刊名即可。因此在实践中，我们建议在封、扉、版权页上合适的页上加注一处汉语拼音即可。不加注是错误的，多处加注容易造成编辑错误。

11.1.7 版权页项目不规范

举例1：

一些图书版权项中的开本常常标注不规范，如 889 ×

1194,787×1092毫米。

分析及纠正：

开本是对图书大小规格的记载，所用单位应为毫米，不加注单位或只加注一个单位的用法都是错误的。正确用法是：889mm×1194mm，787毫米×1092毫米。

举例2：

一些图书版权页项目不全。如有的图书在版权页上不注明图书的印数，还有的图书不标注定价。

分析及纠正：

按照国家标准规定，版权页要记载图书在版编目数据，即CIP，还要记载版本记录。版本记录要著录CIP数据未包括的印刷、发行、载体形态及出版人项。印刷发行记录包括印刷者、发行者的全称；第×版，印刷年月及印次；印张数、字数、印数、定价。载体记录要根据GB788—1999的要求列出图书开本和幅面尺寸，列出图书附件类型和数量（光盘或地图等）。出版人姓名即出版单位主要负责人姓名。正确用法是按规定列全各版权项目。

11.1.8 扉页、封底责任编辑项错误

举例：

有个别图书扉页上记载的责任编辑或美术编辑名字与封底记载的名字不一致，有的名字用字是音同字不同，有的则完全是两个人的名字。

分析及纠正：

造成图书扉页与封底的责任编辑名字不一致的原因是图书编校过程中缺少图书下印前对封扉版权页相同项的认真核对。由于扉页随正文一起编校，封、扉单独设计单独编校，封扉与内容不能同时在一个人手中进行编校的流程极易导致此类错误的发生。还有一种情况是图书因某种原因换了编辑，或是编辑名字未进行认真核对，在缺乏封扉版权页与正文一起核对的流程中，出现责任编辑或美术编辑名字在扉页与封底不一致的现象就不奇怪了。

正确的做法是：设计封面时一定核准责任编辑、美术编辑名字，在图书付印前一定要仔细核对扉页和封底的责任编辑和美术编辑名字，以避免出现不一致的情况。

11.2 内容提要易出错误

11.2.1 内容提要缺失

举例：

在一些图书中没有内容提要。

分析及纠正：

内容提要是概括地介绍某一图书内容、特点和读者对象的简要文辞，以便读者能在短时间内很快地对该书有所了解。其内容提要写得好与坏，在一定程度上影响到该书的销路。内容提要一般由责任编辑根据图书内容撰写而成，字数二三百字为宜。其内容包括图书内容、特点和读者对象这三项构成内容提要的基本要素。除某些活页文选、小册子和有"出版说明"的图书外，一般图书都应有内容提要。在市场竞争异常激烈的形势下，一本好的图书不写内容提要显然是一种不明智的、缺乏市场意识的表现。

正确的做法是，编辑认真地写好内容提要，提升读者对该书的初级印象。

11.2.2　内容提要对图书内容评价不实

举例：

一些图书虽然写了内容提要，但由于编辑工作马虎、不认真，并没有真正把握"内容、特点和读者对象"三个基本要素，说一些无关紧要的套话、大话。如一本普通的培训教材，却被写成"作者高屋建瓴，添补该领域的空白"。

分析及纠正：

编辑是图书的第一个读者。一名好的编辑，在编完一本图书后完全能用简洁精辟的语言概括出该书的内容、特点及所适合的读者对象。相反，如果编辑不能尽心尽力地去编书，或者任由不负责任的作者自己乱写一通，是很难写出良好的内容提要。正确的做法是编辑应耐心细致地编辑好图书，认真提炼出全书的重点，用最短的语句概括出该书的内容、特点以及最适合的读者群。对该书及作者的评价应该恰如其分。

11.2.3 一些图书内容提要对读者定位混乱

举例：

有的学术研究专著专业性较强，只适合从事相关研究的科技工作者阅读。为了扩大读者群，却写成"适合广大科技工作者、管理者阅读"。一些只适合教师阅读的参考书，也写成了"适合广大教师和学生参考阅读"。

分析及纠正：

一本书写作的目的是要给读者阅读。每本书的内容及写作风格所传达信息的深浅程度决定了适合何类读者群。为了扩大图书发行量，在内容简介中过度地扩大读者范围是很难收到预期效果的。在实践中我们也曾碰到过这样的实例，请著名学者来写读者群较广的科普类图书，但作者所写出的图书科技含量较高，涉及内容较深，成了所谓高级科普作品。尽管简介写的是适合广大青少年阅读，但实际上相当一部分内容青少年看不懂，而从事专业的科技工作者又觉得内容太浅。这种现象的出现一是出版社组稿后期工作出现失控，对作者及作品的要求没有按选题计划实行；二是认可了作者所写作品，但对读者群没有做出相应的调整。

11.2.4　一些图书内容提要过于冗长

举例：

有些图书编辑和作者很热心，也很认真，用了大量篇幅来写内容提要，文字内容简介洋洋洒洒，甚至用 1 000 多字来描述该书主要内容、特点和读者对象。

分析及纠正：

内容提要的要求就是简洁，高度概括，字数控制在 300 字以内为宜。上千字的描述无疑过于冗长。这样的内容简介可以用做前言了。这样的例子告诉我们，对内容简介不重视或干脆不写是编辑工作的失职，而写作不当也是编辑工作没做好的表现。正确的处理方法就是按内容提要的写作要求，写好写到位。

11.3　序、前言、跋易出错误

11.3.1　序言与前言混淆

举例：

常出现的问题是用他序代替前言，或者序言与前言内容重复。

分析及纠正：

图书的序言与前言属于一个类别，单独编页码，一般排在图书目录之前。序言包括由与本书所涉及学科的权威人士所作的序言，也称他序；用和本书所涉及内容相关的权威人士所作的文章代替序言，也称代序；翻译文章的中译本序言；在本书所涉及学科具有较高资格和地位的作者所作的序言，也称自序。前言则完全是作者所作，主要内容包括编写意图原则、篇章结构、主要特点、写作分工、写作中得到的帮助等。而序言则侧重对作者本身的介绍，对作品的分析及评价，肯定作者的成绩和贡献等。

由以上分析可知尽管序言与前言属于一个大类，但其内容是有区别的，其写作对象也有不同。正确的用法是，请本书所涉及学科的权威人士作序，作者自己写前言。在内容上侧重不同，相互补充。

11.3.2　序言与前言缺失

举例：

一些图书中没有序言和前言。

分析及纠正：

序言和前言是对一本书内容和作者的评价与介绍，是图书内容的有机组成部分。除个别小册子用出版说明代替序言和前言外，一般图书都应有序言和前言，至少应有前言，全面、简洁地介绍编写意图、编写原则、主要特点以及图书篇章结构、所用资料、编写分工等。对于外文图书的中译本，更不能缺少序言和前言。不对所译图书内容、特点及存在的问题做介绍，作者和出版者的出版目的、意图就不能很好地表达。无序言和前言是一种对读者不负责任的表现。

正确的做法是，根据图书的类别来决定序言、前言和出版说明的写作。重要图书要有他序，甚至可以有多篇他序；可以请权威人士来作，也可以选用权威人士对相关学科评价的文章代序，作者写好前言。一般图书，作者也应认真写好前言。对于图书文字较少的小册子类图书，如技术推广类图书、儿童读物可以用出版说明代替前言。

11.3.3　序言、前言和绪论混淆

举例：

有的图书把序言、前言和绪论、绪言混淆起来。有的图书把绪论、绪言排在目录页之前，单独编页码。

分析及纠正：

序言、前言是对图书作者、图书内容、编写意图、原则、特点、写作分工等的叙述，行文要求简明扼要，不宜过长。而绪论、绪言则是属于正文的一部分，与图书主题思想有关的历史背景和学术观点、作者的编写意图、图书特点等详细介绍都在这里得到反映。绪论、绪言是正文中的一章，其字数应在万字以上，而序言、前言文字一般在一二千字之内。

为避免序言、前言和绪论、绪言的混淆，作者要把握好两者的不同，一方面要从内容侧重不同来把握，另一方面要在字数上来把握，另外还要从其所在图书中的位置来把握。

11.3.4　序言或前言中评介用语不严谨

举例：

有些图书的序言，在对作者或图书的评介中所用语言言过

其实,如"添补国内学科空白,达到国际领先水平"等。而实际上,远没有达到这种程度。

分析及纠正:

序言特别是他序作者,往往是本学科的权威人士,或是德高望重的学科泰斗,或是本学科的领军人物,也有相关学科的政府或相关部门的官员。他序中一个很重要的内容是对图书和作者的评价,这对于该书是很重要的。恰如其分的评价无疑会给图书添光添彩;如评价不当,除了会对图书及其作者产生负面影响外,还会对作序的权威人士起到不好的作用。

现在流行的一种方式是由作者事先拟好一个序言草稿,然后请权威人士阅后签名。这就要求拟稿者要实事求是地当好这个序言的文字秘书;而署名序作者的权威人士更要把好关,真正让序言起到实事求是地评价作者、推介图书的作用。

11.4 目录、标题易出错误

11.4.1 目录所列内容不全

举例:

一些图书的目录未能将图书全部内容,如附录、参考文献、前言等列入目录之中,也有的图书在目录中将个别二级或三级目录漏编。

分析及纠正:

目录是为方便读者阅读而将正文标题和相关辅文内容以索

引形式编出。一般应包括序言、绪论、篇、章、节题和相应的页码以及参考文献、附录、对照表、索引、附图等内容。图书相关内容未编入目录显然不利于读者阅读，是一种编辑工作不到位、不规范的做法。

正确的方法是将全书相关内容全部按篇、章、节及节以下标题按实际需要列出，至少应列到节一级标题，相关内容如附录、附表、参考文献等也应列入目录之中。在编校过程中，特别是在付印前，要按正文标题和页码与目录认真核对，以避免出现错误。

11.4.2 目录所列标题与正文不一致

举例：

一些图书编校人员不注意认真核对正文标题与目录标题，常常出现正文标题与目录标题不一致的错误。在检查中曾发现一些内容优秀的图书，在申报图书评奖进行质检时，因目录与正文多处不一致导致图书质检不合格，使这些图书与评奖失之交臂。

分析及纠正：

造成目录与正文不一致的原因有多种，一是作者成稿时齐、清、定做得不到位，在编辑加工阶段，又进行修改补充。有时对正文标题做了修改，但忘记把目录中相应标题进行修改。二是编辑发现正文个别标题有不当之处，修改处理后忘记改动目录中相应内容。三是编校工作中发现目录所列标题有个别不当之处，随手做了修改，但却忘了修改相应的正文标题。

为防止此类问题出现，要求在全书编辑加工完毕后，以正文标题为基准和目录进行核对,对不一致之处,找出原因,予以解决,以保证图书正文与目录的一致性。

11.4.3 目录所列页码与正文不一致

举例:

在阅读一些图书时发现按目录所注页码,在正文中找不到相应的标题,需要向前或向后翻页才能找到相关的标题。

分析及纠正:

对于图书按目录页码找不到正文的原因,一般是排版时几经校对修改后造成的。因为现在用计算机排版,这和传统铅排形式不一样,铅排时进行内容修改可以控制页码不变,而计算机排版则因内容删减会自动改变页码。根据这一特点,要求编校人员在图书付印前一定要核对胶片或付印样,认真核对目录与正文标题及其页码,一定要保证其一致性,只有这样,才不会出现上述错误。

11.4.4 标题过于冗长

举例:

某些图书的作者在编写图书标题时,生怕读者看不懂图书内容,标题写得很长,甚至二级标题都超过20个字以上。

分析及纠正:

标题是揭示图书主题和概括图书内容、结构的简明文字,其特点是美观醒目、层次分明,要求尽可能用最少的文字来概括篇、章、节、条、款的相关内容，一般来说，应控制在20个字以内为宜，除一级标题特殊情况下设引题和副题外，一般只设单一主题。标题字数的多少，语言描述得是否精炼，反映了作者的文法修辞水平，也体现了作者对所著图书的把握程度。因此在图书写作过程中，对标题的写作尤其要下工夫，力争用最精辟、简洁的语言，从形式结构到内容结构，完整而又不冗余地反映所述的内容，用一个字能概括的内容，绝不用二个字。

11.4.5 标题与所反映内容不贴切

举例：

一些图书所列标题没有按标题所应起到的作用反映图书篇、章、节、条、款中心内容的要求，不恰当地运用了一些修饰性语言，所写标题不能够反映出所述内容的中心思想，与所叙述内容不贴切，给人一种似是而非的感觉。

分析与纠正：

标题作为图书篇、章、节、条、款相关内容的概括，应该是精短明确。一般采用名词或带有反映内容的修饰语的名词词组。章以下即二、三级以下标题也有采用句子的，有时也可采用疑问句、感叹句。恰当地运用一些修饰性语言做标题，不但体现了作者的文字、科学素养，也给读者一种全新的感觉。如《富饶神奇的黑龙江》一书中，在"先秦时期的黑龙江"一章第二节叙述黑龙江地区古人类的来源时，介绍了一些学者的观点，即黑龙江古人类由华北等中原地区迁徙而来。这一节用了"南方来客"四个字做标题，非常新颖而有创意，是值得学习的一个范例。

11.5 附录、索引易出错误

11.5.1 附录设置不合规范

举例：

有的图书作者对附录的含义不够清楚，把一些不应该纳入附录的内容列到了附录中。如有的作者引用的历史文献在其他书中很容易找到，作者也不怕麻烦地把整个文献放入到附录中。

分析及纠正：

附录不是所有图书必备的。附录是将与正文内容没有直接关系的材料，或与正文有关，但不宜或不便于放入正文的材料放在书末。如科技书刊标准化讲座中，为便于编辑学习和掌握国家有关图书质量标准，在附录中列上《国家图书质量管理规定》则是必要和合适的。

附录正确的用法是按照附录的概念把所著图书中那些内容不便于放入正文，又与正文相关，而且放入参考文献又不便于查阅的资料列入附录之中。对于在参考文献或注释中能够体现的，就不必列入附录。

11.5.2 附录设置过于冗长

举例：

有的图书中附录设置过多，所占篇幅过长。如有的科技类图书将很多文献材料放到附录之中，所占篇幅达到全书近一半的比例。

分析及纠正：

附录是图书的辅文部分，并且不是必备的内容，是对图书内容的阅读起辅助作用。附录内容过多过长，给人的感觉是作者所写图书内容过于单薄，有用附录来补充内容不足的嫌疑。

正确的用法是合理设置附录，不需列的就不列，所列内容一定是与本书有关，且不容易查找的。附录篇幅一定要得当，不能超过图书篇幅的20%。

11.5.3 索引条目不全

举例：

有的图书所列索引条目不全，正文中所列条目存在，但按索引查询时却查不到相关条目，没有起到便于读者查询的目的。

分析及纠正：

索引属于辅文的一种，用于较专业的科技图书，特别是篇幅较多、内容丰富的图书，在辞书中更为典型。编制索引的目的是为了方便读者阅读，有按汉语拼音为编排顺序的，也有以笔画顺序编排的。外文索引一般按外文字母顺序编排，由翻译者编写索引稿，编辑在书稿加工时应对内容条目、编排、页码等进行仔细检查和核对。

之所以出现索引条目未能涵盖正文内容，是因为作译者在编排条目时方法不当，工作不细，漏编了相关内容的条目，造成了索引条目不全的问题。随着现代计算机技术的发展，利用计算机辅助技术可以帮助编排和检查索引的编排。但作译者及编辑的认真编写、仔细核对仍是保证索引编排质量的重要环节。

11.5.4　索引条目所用名词、术语与正文不一致

举例：

有的作者对一些名词、术语规范性注意不够，因此在一些图书的索引中出现了所用名词、术语与正文不一致的问题。如某本科技专著中出现了索引用"森林覆盖率"，而正文中却用"森林覆被率"；再如树种"黄波罗"的用法就有"黄菠萝""黄波萝"几种之多。

分析及纠正：

由于历史的原因，一些科技类名词、术语存在一些不统一的问题。随着行业和国家对科技术语、名词的规范化，图书所用名词、术语也一定要跟上时代发展的步伐，采用最新的名词、术语用法，淘汰旧的用法。对影响较大，而一时难以被大众接受和了解的名词、术语可将被淘汰的名词、术语以括号形式加以标注。如"森林覆盖率"是国家森林名词、术语的规范用法，而"森林覆被率"则是被淘汰的名词、术语。在编制索引和正文时，就应统一到"森林覆盖率"一词上；如有必要，加注"森林覆被率"即可。

11.5.5　索引条目编码与正文不一致

举例：

在一些编写了索引的图书中，由于排版后内容改动、版式调整等原因，致使索引条目编码与正文内容不一致，出现按索引条目所编页码查不到正文中的相同条目等问题。

分析及纠正：

索引条目编码是索引中很重要的一项内容，如果编码不正确，按照索引找不到相关内容，索引所起的方便读者查询的功能就丧失了。索引条目编码与正文内容一致不是科技含量很高的工作，但却是一个很重要，需要编校人员付出一定时间和耐心的工作。只要编校人员掌握索引编排的一般规律，掌握相关汉语拼音、笔画、外文字母、拉丁文字母等编排依据和顺序，再加上细心和耐心，就一定能编好索引条目，使索引真正起到方便读者阅读、查询的作用。

11.6 参考文献易出错误

11.6.1 参考文献缺项

举例：

参考文献常出现的缺项是漏标注出版地。如"［序号］作者. 书名［M］. 浙江科学技术出版社，2005."又如"［序号］作者. 书名［M］. 科学出版社，2007."

分析及纠正：

我国对参考文献体例的规范已经有近 30 年的历史了。在 20 世纪 80 年代，我国就推广 ISO5966—1982 关于参考文献的著录规则，1987 年颁布了期刊图书参考文献著录格式，即国家标准 GB7714—87，2005 年又公布了期刊图书参考文献国家标准 GB7714—2005。

国家针对图书、期刊、学位论文、报纸、音像、网络专利等各类出版物的标准著录体例都做出了规范要求。作者和编辑只要认真学习和掌握,就不会在此方面出现问题。

正确用法:第一个例子,"[序号]作者. 书名[M]. 杭州:浙江科学技术出版社,2005.";第二个例子,"[序号]作者. 书名[M]. 北京:科学出版社,2007."。

11.6.2 参考文献体例不符合国家标准

举例:

一些出版单位不重视参考文献国家标准的学习,在所出版的图书中参考文献格式不符合国家标准 GB7714—2005 的规范要求。有的沿用 ISO5966—1982 的格式体例,有的采用 GB7714—87 的著录体例,还有的不按任何标准自制体例。

分析及纠正:

图书出版是一项严肃而认真的工作,作为出版单位有责任和义务学习好、贯彻好和向作者宣传好国家相关出版工作的标准,从而使所出版的出版物符合国家标准。对于当前出版物参考文献中出现的种种问题,唯一的解决途径就是从出版单位做起,认真学习贯彻 GB7714—2005 国家标准,并且按此标准规范和要求自己所出的出版物,经过一段时间的努力,参考文献体例规范的问题就可以完全解决了。

11.6.3 文内标注编码与参考文献不对应

举例:

书末参考文献采用顺序编码时,未按所引文献在文中出现的先后顺序编码。

分析及纠正：

在一些重要的科技类图书中，作者为了准确反映所用参考文献的来源，书中所采用的关键词语或是一段论述在其右上角均按顺序编码，文后参考文献也以相应序号对应，便于读者查询原文。在页下注参考文献时则编码一般以该页正文引文编码顺序和当页所注参考文献编码相对应。出现编码顺序不一致即按正文所注编码序号到文后参考文献查不到该原文的现象，主要存在于正文从第一章开始对引文编码，一直按顺序编到最后一章，有时引文编码达几百种之多，这种情况出错概率较高，这是作者和编辑应格外加以关注的问题。本来详细标注参考文献是对引文作者、对读者尊重、负责的表现，可是一旦按书中所列编码找不到原文，会使人对作者产生不信任的感觉，觉得作者是哗众取宠、欺骗读者，其负面影响是很不好的。因此要求作者和编辑对待此项工作不能马虎，一定要认真，才能收到预期效果。

11.6.4　文内参考文献所注序号的上角标标注位置错误

举例：

一些图书在文内参考文献所注序号编码上排注混乱，有的上角排成了和正文一样的字号，如某本研究古人钱大昕的专著中，有这样的标注："他说：自古史家之患，在于不博。"[13] 又如一些图书在正文参考文献所注序号编码上一律标在引文的括号之外，也有的全注在引号之内。

分析及纠正：

文内参考文献所注序号位置应是有规律的，既不是排成和正文字号一样，也不是一律排在引号之后的右上角，更不是一律排在引号之内的右上角，正确的用法是要根据引文的内容来确定。引文只是一句名词、术语，就在名词、术语的右上角标注顺序编码；如是一整段完整的引文，编码序号可以标注在引文之外；只是一段引文，编码顺序在引文之后的右上角即可。

11.6.5　科普类图书，不列参考文献

举例：

科普类图书，不著录参考文献，或只是在文末注出"参考文献略"或"参考文献（略）"的字样。

分析及纠正：

参考文献的作用一是表明作者尊重别人的劳动成果；二是便于读者查找某些论点和论据的出处，从中区别哪是作者的研究成果，便于读者了解著作的真伪和价值。

在书中列出参考文献还可以证明作者的研究成果是阅读和查阅了大量同类型研究成果，少走研究道路上的曲折和不做无价值劳动，是一种理性的研究方法。

在一本研究性著作中认真负责地列出参考文献不是哗众取宠，而是一种对学术的认真态度。相反，不列参考文献一方面可能是作者固步自封、孤陋寡闻、不善于引用已出现的科学研究成果的表现；另一方面可能是缺乏科学道德，引用别人的成果而不标准。因此，不论是科普类还是专著类图书，除非所有

成果都是自己研究而成，否则不列参考文献就是一种涉嫌侵权和剽窃别人科研成果的行为。

11.6.6 参考文献项目内容错误

举例：

某科研专著所列参考文献出现了这样的情况："［序号］. 作者. 论文名. 镇江：河北农业大学，2005."另外一本介绍中国口头非物质遗产图书的参考文献中出现了如此的出版单位："［序号］. 作者. 书名. 河南省驻马店高等专科学校出版社，2002年."

分析及纠正：

这两个例子中出现的问题是参考文献著录项目内容错误。第一个例子中参考文献的出版地与出版单位不相符合，河北农业大学的所在地是保定，而不是镇江。第二个例子中河南省驻马店高等专科学校出版社是不存在的。这个问题出现的原因是作者不了解参考文献的基本著录规则，认为列入参考文献的内容一定要注上出版社才可以，故此自己凭空杜撰了一个"河南省驻马店高等专科学校出版社"。

正确用法：第一个例子"［序号］. 作者. 论文名［D］. 保定：河北农业大学，2005."

第二个例子："［序号］. 作者. 书名［M］. 驻马店：河南省驻马店高等专科学校，2002."

11.7 作者小传易出错误

11.7.1 作者小传项目不全或不规范

举例:

近年来一些个人专著中常附个人小传,用来介绍作者的自然状况和学术背景、学术成就。有些作者小传主要项目不全或不够规范,如缺少出生年月,缺少学习或工作单位,或学术成果使用人们不熟悉的简称等。

分析及纠正:

作者小传的功能是介绍和宣传专著作者的自然状况、学术背景和学术成果,包括作者的自然简历和重要学术成果获奖情况等。小传中表述的内容除了要真实、客观外,其主要项目要尽可能全面和规范。只有这样才能给读者一个客观、真实、准确的作者形象。如果小传写得不好,对书的真实度、影响力都会大打折扣。

11.7.2 作者小传不实

举例:

有些作者小传缺乏实事求是的精神,对自己的学术业绩、工作业绩过分夸大,把属于省部级的奖励,夸大成国家级,把不够省部级的科研成果写成省部级的科研成果。

分析及纠正：

　　作者小传一般用于领袖人物、重要作家、科学家的作品。近年来一些科研专著、个人的代表作等也都出现了作者小传。小传的作用主要是介绍作者的生平简介及其重要代表作，有时还要附上作者照片。作者小传虽然字数不多，但其作用是很重要的，从某种意义上讲是对作者的一种评价和宣传。因此，对小传的内容一定要实事求是、客观、准确，对所用材料，编辑一定要认真把关核对，对一些重要工作业绩、重要科研成果要认定和核对，保证作者小传的客观、真实和准确，以便于读者理解作品和了解作者。

附　录

1　图书编校常用国家标准（17个）

（1）GB/T 788—1999 图书杂志开本及其中幅面尺寸
（2）GB 3100～3120.1～13—93 量和单位
（3）GB/T 3259—92 中文书刊名称汉语拼音拼写法
（4）GB/T 3860—1995 文献叙词标引规则
（5）GB 5795—86 中国标准书号
（6）GB 6447—86 文献编写规则
（7）GB/T 7408—94 数据元和交换格式　信息交换　日期和时间表示法
（8）GB/T 7714—2005 文后参考文献著录规则
（9）GB 10112—88 确立术语的一般原则与方法
（10）GB 11668—89 图书和其他出版物的书脊规则
（11）GB 12450—90 图书书名页
（12）GB 12451—90 图书在版编目数据
（13）GB 12906—91 中国标准书号（ISBN部分）条码
（14）GB/T 14706—93 校对符号及其用法
（15）GB/T 15834—2011 标点符号用法
（16）GB/T 15835—2011 出版物上数字用法
（17）GB/T 16159—1996 汉语拼音正词法基本规则

2 《图书质量管理规定》

第一条 为建立健全图书质量管理机制,规范图书出版秩序,促进图书出版业的繁荣和发展,保护消费者的合法权益,根据《中华人民共和国产品质量法》和国务院《出版管理条例》,制定本规定。

第二条 本规定适用于依法设立的图书出版单位出版的图书的质量管理。

出版时间超过10年且无再版或者重印的图书,不适用本规定。

第三条 图书质量包括内容、编校、设计、印制4项,分为合格、不合格2个等级。

内容、编校、设计、印制4项均合格的图书,其质量属合格。内容、编校、设计、印制4项中有1项不合格的图书,其质量属不合格。

第四条 符合《出版管理条例》第二十六、二十七条规定的图书,其内容质量属合格。

不符合《出版管理条例》第二十六、二十七条规定的图书,其内容质量属不合格。

第五条 差错率不超过1/10000的图书,其编校质量属合格。

差错率超过1/10000的图书,其编校质量属不合格。

图书编校质量差错的判定以国家正式颁布的法律法规、国家标准和相关行业制定的行业标准为依据。图书编校质量差错率的计算按照本规定附件《图书编校质量差错率计算方法》执行。

第六条 图书的整体设计和封面(包括封一、封二、封

三、封底、勒口、护封、封套、书脊）、扉页、插图等设计均符合国家有关技术标准和规定，其设计质量属合格。

图书的整体设计和封面（包括封一、封二、封三、封底、勒口、护封、封套、书脊）、扉页、插图等设计中有1项不符合国家有关技术标准和规定的，其设计质量属不合格。

第七条 符合中华人民共和国出版行业标准《印刷产品质量评价和分等导则》（CY/T 2—1999）规定的图书，其印制质量属合格。

不符合中华人民共和国出版行业标准《印刷产品质量评价和分等导则》（CY/T2—1999）规定的图书，其印制质量属不合格。

第八条 新闻出版总署负责全国图书质量管理工作，依照本规定实施图书质量检查，并向社会及时公布检查结果。

第九条 各省、自治区、直辖市新闻出版行政部门负责本行政区域内的图书质量管理工作，依照本规定实施图书质量检查，并向社会及时公布检查结果。

第十条 图书出版单位的主办单位和主管机关应当履行其主办、主管职能，尽其责任，协助新闻出版行政部门实施图书质量管理，对不合格图书提出处理意见。

第十一条 图书出版单位应当设立图书质量管理机构，制定图书质量管理制度，保证图书质量合格。

第十二条 新闻出版行政部门对图书质量实施的检查包括：图书的正文、封面（包括封一、封二、封三、封底、勒口、护封、封套、书脊）、扉页、版权页、前言（或序）、后记（或跋）、目录、插图及其文字说明等。正文部分的抽查必须内容（或页码）连续且不少于10万字，全书字数不足10万字的必须检查全书。

第十三条 新闻出版行政部门实施图书质量检查,须将审读记录和检查结果书面通知出版单位。出版单位如有异议,可以在接到通知 15 日内提出申辩意见,请求复检。对复检结论仍有异议的,可以向上一级新闻出版行政部门请求裁定。

第十四条 对在图书质量检查中被认定为成绩突出的出版单位和个人,新闻出版行政部门给予表扬或者奖励。

第十五条 对图书内容违反《出版管理条例》第二十六、二十七条规定的,根据《出版管理条例》第五十六条实施处罚。

第十六条 对出版编校质量不合格图书的出版单位,由省级以上新闻出版行政部门予以警告,可以根据情节并处 3 万元以下罚款。

第十七条 经检查属编校质量不合格的图书,差错率在 1/10000 以上 5/10000 以下的,出版单位必须自检查结果公布之日起 30 天内全部收回,改正重印后可以继续发行;差错率在 5/10000 以上的,出版单位必须自检查结果公布之日起 30 天内全部收回。

出版单位违反本规定继续发行编校质量不合格图书的,由省级以上新闻出版行政部门按照《中华人民共和国产品质量法》第五十条的规定处理。

第十八条 对于印制质量不合格的图书,出版单位必须及时予以收回、调换。

出版单位违反本规定继续发行印制质量不合格图书的,由省级以上新闻出版行政部门按照《中华人民共和国产品质量法》第五十条的规定处理。

第十九条 1 年内造成 3 种以上图书不合格或者连续 2 年造成图书不合格的直接责任者,由省、自治区、直辖市新闻出版行政部门注销其出版专业技术人员职业资格，3年之内不得从事出版编辑工作。

第二十条 本规定自2005年3月1日起实施。新闻出版署于1997年3月3日公布的《图书质量管理规定》同时停止执行。

3 《图书质量管理规定附件（图书编校质量差错率计算方法）》

一、图书编校差错率

图书编校差错率，是指一本图书的编校差错数占全书总字数的比率，用万分比表示。实际鉴定时，可以依据抽查结果对全书进行认定。如检查的总字数为10万，检查后发现2个差错，则其差错率为0.2/10000。

二、图书总字数的计算方法

图书总字数的计算方法，一律以该书的版面字数为准，即：总字数＝每行字数×每面行数×总面数。

1. 除环衬等空白面不计字数外，凡连续编排页码的正文、目录、辅文等，不论是否排字，均按一面满版计算字数。分栏排版的图书，各栏之间的空白也计算版面字数。

2. 书眉（或中缝）和单排的页码、边码作为行数或每行字数计入正文，一并计算字数。

3. 索引、附录等字号有变化时，分别按实际版面计算字数。

4. 用小号字排版的脚注文字超过5行不足10行的，该面按正文满版字数加15%计算；超过10行的，该面按注文满版计算字数。对小号字排版的夹注文字，可采用折合行数的方法，比照脚注文字进行计算。

5. 封一、封二、封三、封底、护封、封套、扉页，除空白面不计以外，每面按正文满版字数的 50% 计算；版权页、书脊、有文字的勒口，各按正文的一面满版计算。

6. 正文中的插图、表格，按正文的版面字数计算；插图占一面的，按正文满版字数的 20% 计算字数。

7. 以图片为主的图书，有文字说明的版面，按满版字数的 50% 计算；没有文字说明的版面，按满版字数的 20% 计算。

8. 乐谱类图书、地图类图书，按满版字数全额计算。

9. 外文图书、少数民族文字图书，拼音图书的拼音部分，以对应字号的中文满版字数加 30% 计算。

三、图书编校差错的计算方法

1. 文字差错的计算标准

（1）封底、勒口、版权页、正文、目录、出版说明（或凡例）、前言（或序）、后记（或跋）、注释、索引、图表、附录、参考文献等中的一般性错字、别字、多字、漏字、倒字，每处计 1 个差错。前后颠倒字，可以用一个校对符号改正的，每处计 1 个差错。书眉（或中缝）中的差错，每处计 1 个差错；同样性质的差错重复出现，全书按一面差错基数加 1 倍计算。阿拉伯数字、罗马数字差错，无论几位数，都计 1 个差错。

（2）同一错字重复出现，每面计 1 个差错，全书最多计 4 个差错。每处多、漏 2～5 个字，计 2 个差错，5 个字以上计 4 个差错。

（3）封一、扉页上的文字差错，每处计 2 个差错；相关文字不一致，有一项计1个差错。

（4）知识性、逻辑性、语法性差错，每处计2个差错。

（5）外文、少数民族文字、国际音标，以一个单词为单位，无论其中几处有错，计1个差错。汉语拼音不符合《汉语拼音方案》和《汉语拼音正词法基本规则》（GB/T 16159—1996）规定的，以一个对应的汉字或词组为单位，计1个差错。

（6）字母大小写和正斜体、黑白体误用，不同文种字母混用的（如把英文字母N错为俄文字母И），字母与其他符号混用的（如把汉字的0错为英文字母O），每处计0.5个差错；同一差错在全书超过3处，计1.5个差错。

（7）简化字、繁体字混用，每处计0.5个差错；同一差错在全书超过3处，计1.5个差错。

（8）工具书的科技条目、科技类教材、学习辅导书和其他科技图书，使用计量单位不符合国家标准《量和单位》（GB 3100～3102—93）的中文名称的、使用科技术语不符合全国科学技术名词审定委员会公布的规范词的，每处计1个差错；同一差错多次出现，每面只计1个差错，同一错误全书最多计3个差错。

（9）阿拉伯数字与汉语数字用法不符合《出版物上数字用法的规定》（GB/T15835—1995）的，每处计0.1个差错。全书最多计1个差错。

2. 标点符号和其他符号差错的计算标准

（1）标点符号的一般错用、漏用、多用，每处计0.1个差错。

（2）小数点误为中圆点，或中圆点误为小数点的，以及冒号误为比号，或比号误为冒号的，每处计0.1个差错。专名线、着重点的错位、多、漏,每处计 0.1 个差错。

（3）破折号误为一字线、半字线,每处计 0.1 个差错。标点符号误在行首、行末的,每处计 0.1 个差错。

（4）外文复合词、外文单词按音节转行,漏排连接号的,每处计 0.1 个差错;同样差错在每面超过 3 个,计 0.3 个差错,全书最多计 1 个差错。

（5）法定计量单位符号、科学技术各学科中的科学符号、乐谱符号等差错,每处计 0.5 个差错;同样差错同一面内不重复计算,全书最多计 1.5 个差错。

（6）图序、表序、公式序等标注差错,每处计 0.1 个差错;全书超过 3 处,计 1 个差错。

3. 格式差错的计算标准

（1）影响文意、不合版式要求的另页、另面、另段、另行、接排、空行,需要空行、空格而未空的,每处计 0.1 个差错。

（2）字体错、字号错或字体、字号同时错,每处计 0.1 个差错;同一面内不重复计算,全书最多计 1 个差错。

（3）同一面上几个同级标题的位置、转行格式不统一且影响理解的,计 0.1 个差错;需要空格而未空格的,每处计 0.1 个差错。

（4）阿拉伯数字、外文缩写词转行的,外文单词未按音节转行的,每处计 0.1 个差错。

（5）图、表的位置错,每处计 1 个差错。图、表的内容与说明文字不符,每处计 2 个差错。

（6）书眉单双页位置互错,每处计 0.1 个差错,全书最多计 1 个差错。

（7）正文注码与注文注码不符,每处计 0.1 个差错。

参考文献

[1] 戴文葆. 编辑工作基础教程 [M]. 北京:东方出版社,1990.
[2] 李建臣. 图书编辑学 [M]. 北京:北京师范大学出版社,1993.
[3] 王自强. 编辑实用语文 [M]. 沈阳:辽宁教育出版社,1996.
[4] 阙道隆,徐柏容,林穗芳. 书籍编辑学概论 [M]. 沈阳:辽宁教育出版社,1995.
[5] 慕方进. 图书审校初探 [M]. 济南:山东人民出版社,1991.
[6] 罗见龙,王耀先. 科技编辑工作概论 [M]. 北京:科学出版社,1984.
[7] 陈浩元. 科技书刊标准化18讲 [M]. 北京:北京师范大学出版社,2004.
[8] 山西省新闻出版局史志研究室. 编写必备 [M]. 太原:书海出版社,1991.
[9] 杨林成. 词误百析 [M]. 上海:上海锦绣文章出版社,2010.
[10] 陈光磊. 谈修辞. www.xwcb.gov.cn.
[11] 陈光磊. 谈谈标点符号. www.xwcb.gov.cn.